D1215001

Cocina vegetariana mediterránea

COCINA VEGETARIANA MEDITERRÁNEA

Recetas vegetarianas innovadoras para cocineros intrépidos

JANET SWARBRICK

www.edimat.es

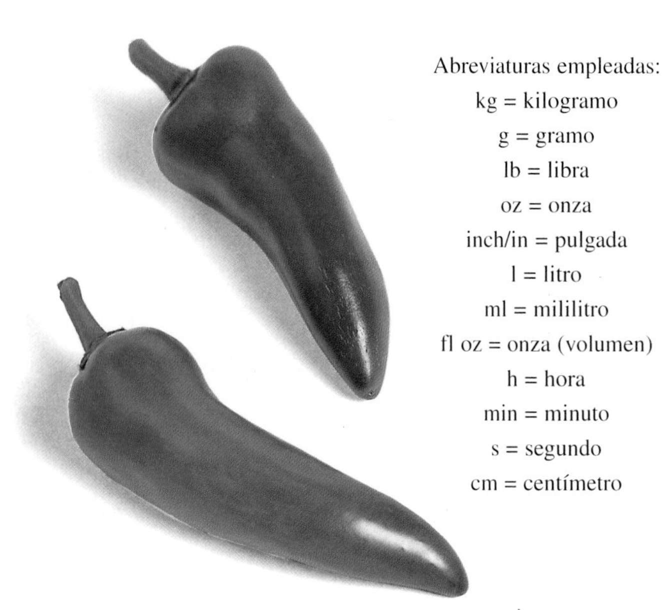

Abreviaturas empleadas:
kg = kilogramo
g = gramo
lb = libra
oz = onza
inch/in = pulgada
l = litro
ml = mililitro
fl oz = onza (volumen)
h = hora
min = minuto
s = segundo
cm = centímetro

Para las recetas, las cantidades se expresan utilizando el Sistema Métrico Decimal y el Sistema Británico, aunque también pueden aparecer en cucharadas y cucharaditas estándar. Siga uno de los sistemas, tratando de no mezclarlos, ya que no se pueden intercambiar.

Las medidas estándar de una taza y una cucharada son las siguientes:
1 cucharada = 15 ml/½ fl oz
1 cucharadita = 5 ml/⅙ fl oz
1 taza = 250 ml/8 fl oz

Utilice huevos medianos a menos que se especifique otro tamaño en la receta.

EDIMAT LIBROS S.A.
C/Primavera, 35
Polígono industrial El Malvar
28500 Arganda del Rey
Madrid-España
www.edimat.es

ISBN: 84-9764-626-6

Título original: *Mediterranean Vegetarian Cooking*
Traducción: Traducciones Maremagnum
Revisión técnica: Gastromedia, S.L.

Este libro fue creado y publicado por
Quantum Publishing Limited
6 Blundell Street
London N7 9BH

Diseño: Isobel Gillan
Editor del proyecto: Diana Steedman
Director creativo: Richard Dewing
Editor: Oliver Salzmann

El material de este libro ha aparecido anteriormente en:
French Country Cooking de John Varnom, *Fruit Fandango* de Moya Clarke, *Low Fat Cooking* de Pamela Westland, *Mexican Cooking* de Robert Hicks, *Meze Cooking* de Sarah Maxwell, *Natural Cooking* de Elizabeth Cornish, *Nuevo Cubano Cooking* por Sue Mullin, *The Encyclopedia of Pasta* de Bridget Jones, *Portuguese Cooking* por Hilaire Walden, *Spanish Cooking* por Pepita Aris, *Tapas* por Adrian Lissen y Sara Cleary, y *Vegetarian Pasta Cookbook* por Sarah Maxwell.

Contenido

Introducción

El placer fundamental de la cocina mediterránea radica en sus sabores fantásticos y su carácter saludable. La frescura y el sabor de los productos naturales, sin refinar y sin aditivos, ofrece una gama inagotable de ingredientes sabrosos y sutiles. La cocina vegetariana mediterránea no es sólo un placer para el paladar, sino que, además, es beneficiosa para la salud a largo plazo.

La dieta occidental tiende a ser blanda, dulce y rica en grasas animales. Los productos demasiado refinados y procesados contienen menos vitaminas y minerales. Además, el abuso de aditivos puede acarrear efectos secundarios desagradables. Por el contrario, los productos tal como se obtienen de la naturaleza, es decir frutas y verduras frescas, cereales sin refinar, legumbres y frutos secos, son ricos en vitaminas, minerales, fibra, y bajos en grasas. Son una fuente barata de proteínas y su aporte calórico es moderado.

El efecto nocivo para la salud a causa del consumo de grasas no se refiere sólo a la cantidad de grasas, sino al tipo de ácidos grasos que contienen los distintos alimentos.

Todas las grasas y aceites se componen de una mezcla en distintas proporciones de tres tipos de ácidos grasos. De hecho, casi todos los productos, incluso los que parecen menos grasos, como frutas, verduras y cereales, contienen estos tres tipos de ácidos grasos.

Las grasas saturadas provienen fundamentalmente de la carne y los productos derivados de la carne, como el tocino, y de productos lácteos, incluyendo la leche, la nata, la mantequilla y el queso. Este tipo de grasas son las responsables de elevar los niveles de colesterol.

En general, las grasas poliinsaturadas suelen ser de origen vegetal; se encuentran, por ejemplo, en peras o alubias (tanto frescas como secas), frutos secos, semillas y aceites de girasol, de maíz o de alazor. También están presentes en el pescado y sus aceites, y contribuyen a reducir el nivel de colesterol.

Las grasas monoinsaturadas se encuentran en productos como los aguacates o el aceite de oliva (cuyo uso es tan frecuente en la comida mediterránea) y no parecen tener un efecto ni favorable ni perjudicial sobre la salud.

Por tanto, una dieta completa no se basa sólo en ser deliciosa, sino que también debe ser un método de prevención contra enfermedades que proliferan en Occidente, como ataques al corazón, obesidad, deterioro de la dentadura y problemas intestinales.

Cuando la preocupación por llevar una dieta sana ganó fuerza, se nos animó a consumir productos crudos, por ser supuestamente más saludables. La cocina vegetariana resulta deliciosa e incluso puede sorprender a los consumidores de carne más acérrimos. Es muy buena idea tener siempre en

Las ensaladas son el mejor ejemplo del estilo de vida mediterráneo, y en esta región puede encontrarse una suculenta variedad de platos vegetarianos en cualquier café o bar.

la despensa alubias, cereales, miel, melaza, frutas y verduras, y llenar la nevera de frutas, zumos, yogur y quesos.

Los quesos elaborados a partir de cuajos vegetales son cada vez más fáciles de conseguir y presentan diversas texturas y sabores. Si no puede adquirir los quesos que se recomiendan específicamente en las recetas, puede sustituirlos sin ningún problema por otro tipo.

El arroz y la pasta preparados con aceites vegetales, queso y verduras, son productos muy saludables y una auténtica maravilla dietética de minerales, vitaminas y otros ingredientes nutritivos. El consumo de pasta acompañado de verduras frescas y otros productos nutritivos es una medida excelente de prevención contra ataques al corazón y cáncer.

Cabe destacar el hecho de que algunos de los tipos de pasta de colores que pueden encontrarse no sean vegetarianos; por ejemplo, la pasta negra, puede estar teñida con tinta de calamares.

La *Cocina Mediterránea Vegetariana* le sugiere atractivas e interesantes recetas, algunas de las cuales resultan rápidas y sencillas, mientras que otras, un poco más laboriosas, están pensadas para ocasiones especiales. Tanto si cocina para todo un grupo de invitados vegetarianos como para el único vegetariano de la familia, en este libro encontrará gran variedad de ideas que le harán la boca agua.

En el Mediterráneo se sirve comida vegetariana en cualquier café, casa o tienda de la esquina (desde pipas de calabaza hasta una variedad completa de ensaladas, legumbres, mojos, kebabs o verduras —rellenas o no—) que se complementan creando una tremenda riqueza de sabores y texturas.

En este libro se recogen diversidad de ideas para incorporar a su mesa; algunas son recetas tradicionales y otras adaptaciones (que incorporan alguna licencia poética). En algunos casos, se sustituyen algunos ingredientes y se cambia el método de elaboración de algunos platos para que resulten más fáciles.

Cuando desee aportar un toque mediterráneo a una de sus comidas, puede incorporar cualquiera de estos platos en su menú, tanto para una cena ligera como para un aperitivo o un postre. También puede servirlo como plato principal añadiendo más cantidad de ingredientes (recuerde que también deberá dedicarle más tiempo de elaboración). Lo mejor de la comida mediterránea es que siempre puede añadirse un poco más de esto o aquello si aparece un invitado inesperado o desea que la comida dé un poco más de sí.

Camino del mercado. En ningún otro lugar existe tal selección de frutas frescas, verduras, aceites y legumbres para la cocina vegetariana.

La cocina vegetariana ejemplifica el estilo de vida mediterráneo: es relajada en todos sus aspectos. No existe una forma concreta de servir ninguno de los platos; en la mayoría de los casos, se pueden escoger los que resulten más atractivos e invitar a que cada cual se sirva lo que más le apetezca. Casi todas las recetas pueden prepararse con antelación y otras pueden simplemente recalentarse antes de servir, de modo que, sea cual sea la ocasión, si se decanta por la comida mediterránea dispondrá del tiempo suficiente para disfrutar cocinando.

Entrantes, sopas y ensaladas

SOPA DE CALABAZA Y CALABACÍN

4 RACIONES

Se puede reducir el contenido de colesterol de cualquier plato sustituyendo las grasas animales por aceite de girasol. Si sólo se hacen puré la mitad de las hortalizas, se consigue una textura más interesante y una apariencia más apetecible.

1 cucharada de aceite de girasol
1 cebolla mediana picada
350 g (12 oz) de calabaza, pelada, despepitada y cortada en dados
225 g (8 oz) de zanahorias en dados
2 patatas peladas y en dados
700 ml de caldo vegetal
2 calabacines en rodajas finas
Pimienta negra molida

Decoración

2 cucharadas de perejil picado

≈ Sofría la cebolla con el aceite en una olla a fuego lento unos 2 o 3 minutos para ablandar la cebolla. Añada la calabaza, las zanahorias, las patatas y el caldo. Cuando empiece a hervir, cueza la sopa a fuego lento unos 15 minutos o hasta que las verduras empiecen a estar tiernas. Añada los calabacines y siga cociendo la sopa otros 5 minutos.

≈ Con una batidora o licuadora, haga un puré con la mitad de la sopa y mézclelo con el resto. Sazone con sal y pimienta al gusto. Si fuese necesario, vuelva a calentar la sopa y sírvala en cuencos individuales. Decore la sopa con alguna rodaja de calabacín y espolvoréela con el perejil. Sirva la sopa muy caliente.

HECHOS NUTRICIONALES

Por persona
Calorías 135 — Calorías procedentes de grasas 27

	% Valor diario
Total de grasas 3 g	5%
Grasas saturadas 0,5 g	2,5%
Grasas monoinsaturadas 0,5 g	0%
Grasas poliinsaturadas 2 g	0%
Colesterol 0 mg	0%
Sodio 22 mg	1%
Total carbohidratos 23 g	8%
Fibra dietética 5 g	20%
Azúcares 7 g	0%
Proteínas 3 g	0%

El tanto por ciento del valor diario se basa en una dieta de 2.000 calorías.

GAZPACHO

4 RACIONES

Este es uno de los favoritos de la cocina del sur de Europa. Si se quiere más espeso, puede añadirse más pan al gazpacho.

450 g (1 lb) de tomates maduros grandes
1 cebolla grande
2 dientes de ajo
1 pimiento verde
1 pimiento rojo
½ pepino
2 rodajas de pan integral sin corteza
3 cucharadas de aceite de oliva
3 cucharadas de vinagre
285 ml (¼ pt) de zumo de tomate
285 ml (¼ pt) de agua
Sal y pimienta negra molida

≈ Pele los tomates y despepítelos, guarde el jugo y trocéelos. Pele la cebolla y el ajo y píquelos muy fino. Quite el centro y las pepitas de los pimientos y córtelos en dados. Corte el pan en dados.

≈ En una fuente, mezcle las verduras y el pan y añada sal y pimienta. Para que salga más sabroso, es mejor dejarlo enfriar durante la noche.

≈ Puede batir todos los ingredientes o dejar algunos y servir en pequeñas fuentes cebollas, tomates, pimientos, pepino y pan en forma de dados como decoración.

HECHOS NUTRICIONALES

Por persona
Calorías 188 — Calorías procedentes de grasas 80

	% Valor diario
Total de grasas 9 g	14%
Grasas saturadas 1 g	5%
Grasas monoinsaturadas 6 g	0%
Grasas poliinsaturadas 1 g	0%
Colesterol 0 mg	0%
Sodio 290 mg	12%
Total carbohidratos 21 g	7%
Fibra dietética 7 g	28%
Azúcares 13 g	0%
Proteínas 5 g	0%

El tanto por ciento del valor diario se basa en una dieta de 2.000 calorías.

CREMA DE CASTAÑAS

4 RACIONES

En la cocina mediterránea, las castañas sustituyen con frecuencia a las alubias y se usan de la misma forma que se emplean las patatas en otros lugares de Europa. Esta crema es una deliciosa sopa de invierno con un sutil toque de canela.

450 g (1 lb) de castañas con cáscaras o 350 g (12 oz) de castañas sin cáscaras
Sal y pimienta negra molida
1 rodaja gruesa de pan
4 cucharadas de aceite de oliva
2 cucharadas de vinagre
625 l (1¼ pt) de caldo
½ cucharadita de canela

≈ Para retirar las cáscaras de las castañas haga un corte en forma de X en la parte gruesa de la cáscara, cúbralas con agua ligeramente salada y cuézalas durante 20 minutos. Déjelas enfriar en el agua.
≈ Pele las castañas (incluida la piel interna).

≈ Fría el pan en aceite y bátalo con el vinagre para hacer un puré. Aparte un puñado de castañas picadas para darle textura a la sopa y bata el resto, añadiéndolas progresivamente al puré con un poco de caldo. Cuando el puré tenga una textura cremosa, viértalo de nuevo en la cacerola, pruébelo y añada sal y pimienta al gusto. Aromatice la sopa con la canela, moderadamente. Añada las castañas picadas, vuelva a calentarla y sírvala.

HECHOS NUTRICIONALES

Por persona	
Calorías 275	Calorías procedentes de grasas 117
	% Valor diario
Total de grasas 13 g	20%
Grasas saturadas 2 g	10%
Grasas monoinsaturadas 9 g	0%
Grasas poliinsaturadas 2 g	0%
Colesterol 0 mg	0%
Sodio 67 mg	2,8%
Total carbohidratos 37 g	12%
Fibra dietética 4 g	16%
Azúcares 6 g	0%
Proteínas 3 g	0%

El tanto por ciento del valor diario se basa en una dieta de 2.000 calorías.

SOPA DE PASTA CON GUISANTES

4 RACIONES

Versión simplificada de la menestra italiana. Puede hacerla con espirales de pasta integral (más rica en fibra que otros tipos de pasta) o con cualquier otro tipo.

- 1 cebolla mediana picada
- 1 diente de ajo machacado
- 2 pencas de apio, picadas finas
- 2 zanahorias medianas, en rodajas finas
- 1 ramillete de hierbas aromáticas
- 2 hojas de laurel
- 170 ml (6 fl oz) de zumo de tomate
- 600 ml (1 pt) de agua
- 140 g (5 oz) de espirales de pasta integrales
- 175 g (6 oz) de guisantes congelados
- 1/3 cucharadita de mezcla de hierbas aromáticas
- 1 cucharadita de pimentón
- Sal

Decoración

Unas hojas de cilantro o perejil (opcional)

≈ En una olla mezcle la cebolla, el ajo, el apio, las zanahorias, las hierbas aromáticas, el laurel, el zumo de tomate y la mitad del agua, y cuézalo todo a fuego lento 5 o 6 minutos.

≈ Añada el resto del agua, la pasta, los guisantes y una pizca de hierbas y pimentón. Cuando empiece a hervir, déjelo cocer unos 8 o 10 minutos o hasta que la pasta esté *al dente*. Sazone la sopa al gusto.

≈ Sírvala muy caliente en cuencos individuales, decorados, si lo desea, con hierbas frescas.

HECHOS NUTRICIONALES

Por persona

Calorías 158	Calorías procedentes de grasas 18
	% Valor diario
Total de grasas 2 g	3%
Grasas saturadas 0,3 g	1,5%
Grasas monoinsaturadas 0,2 g	0%
Grasas poliinsaturadas 1 g	0%
Colesterol 0 mg	0%
Sodio 47 mg	2%
Total carbohidratos 28 g	9%
Fibra dietética 13 g	52%
Azúcares 8 g	0%
Proteínas 10 g	0%

El tanto por ciento del valor diario se basa en una dieta de 2.000 calorías.

SOPA DE SETAS

4 RACIONES

Esta es una sopa para una ocasión especial. El sabor fuerte de las setas contrasta con la delicada textura de las verduras.

- 25 g (1 oz) de boletos deshidratados
- 600 ml (1 pt) de agua tibia
- 1 puerro
- 1 zanahoria
- 80 g (3 oz) de conchiglie (conchas) pequeñas cocidas
- Sal y pimienta negra molida
- Hojas frescas de perejil para decorar

≈ Ponga las setas en remojo con agua tibia durante unos 30 minutos aproximadamente. Escúrralas y guarde el líquido en un recipiente adecuado.

≈ Lamine las setas y corte en tiras finas el puerro y la zanahoria. Añádalo todo al caldo y cuézalo durante 10 minutos a fuego medio hasta que las verduras estén tiernas.

≈ Añada la pasta cocida, sal y pimienta negra molida. Deje cocer la sopa durante otro minuto y sírvala decorada con hojas de perejil.

HECHOS NUTRICIONALES	
Por persona	
Calorías 37	Calorías procedentes de grasas 6
	% Valor diario
Total de grasas 0,7 g	3%
Grasas saturadas 0,1 g	0,5%
Grasas monoinsaturadas 0 g	0%
Grasas poliinsaturadas 0,4 g	0%
Colesterol 0 mg	0%
Sodio 10 mg	0,4%
Total carbohidratos 5 g	1,6%
Fibra dietética 3 g	12%
Azúcares 3 g	0%
Proteínas 3 g	0%

El tanto por ciento del valor diario se basa en una dieta de 2.000 calorías.

SOPA DE PASTA CON ALUBIAS

4 RACIONES

Un plato nutritivo, bajo en grasas y rico en proteínas. Sírvala con pan de ajo templado y crujiente.

- 2 cucharadas de aceite de oliva
- 3 dientes de ajo, machacados
- 4 cucharadas de perejil fresco
- 175 g (6 oz) de gnocchi integrales pequeños
- 3 l (6 pt) de caldo vegetal
- 3 cucharadas de puré de tomate
- 350 g (14 oz) de alubias variadas de lata (borlotti, cannellini, etc.)
- Sal y pimienta negra molida al gusto
- Queso parmesano recién rallado

≈ Caliente el aceite de oliva en una cacerola grande y saltee el ajo y el perejil unos 2 minutos. Añada la pasta y remueva constantemente 1 o 2 minutos.

≈ Vierta el caldo vegetal y el puré de tomate. Cuando empiece a hervir, baje la temperatura y déjelo cocer a fuego lento unos 10 minutos, removiendo de vez en cuando hasta que la pasta esté lista.

≈ Añada las alubias, la sal y la pimienta recién molida. Deje cocer la sopa otros 5 minutos y sírvala decorada con un poco de queso parmesano rallado.

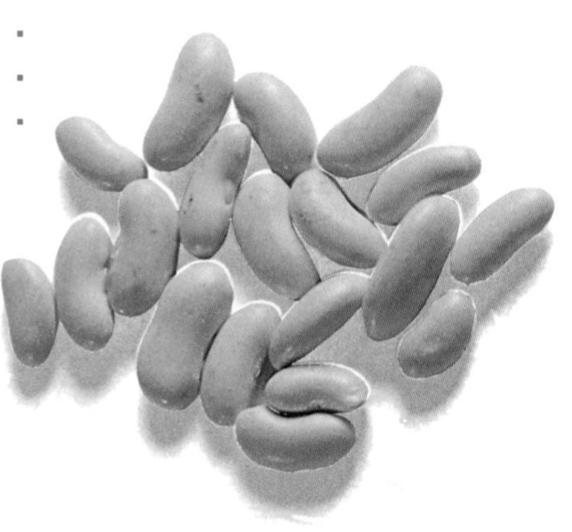

HECHOS NUTRICIONALES	
Por persona	
Calorías 338	Calorías procedentes de grasas 90
	% Valor diario
Total de grasas 10 g	15%
Grasas saturadas 1 g	5%
Grasas monoinsaturadas 4 g	0%
Grasas poliinsaturadas 1 g	0%
Colesterol 3 mg	1%
Sodio 432 mg	18%
Total carbohidratos 52 g	17%
Fibra dietética 11 g	44%
Azúcares 6 g	0%
Proteínas 14 g	0%

El tanto por ciento del valor diario se basa en una dieta de 2.000 calorías.

SOPA CLÁSICA GRIEGA

6 RACIONES

Sirva la sopa acompañada con pan caliente con aceite de oliva.

- 110 ml (4 fl oz) de aceite de oliva
- 2 dientes de ajo machacados
- 2 cebollas picadas fino
- ½ repollo picado fino
- 3 zanahorias picadas
- 3 pencas de apio picadas
- 2 patatas grandes peladas y en dados
- 3 l (5 pt) de caldo vegetal o agua
- 4 tomates pelados, despepitados y picados
- Sal y pimienta negra molida al gusto
- 4 cucharadas de perejil fresco picado
- 50 g de queso feta rallado

≈ Caliente el aceite de oliva en una olla y fría el ajo y la cebolla durante 5 minutos o hasta que la cebolla esté blanda, pero antes de empezar a dorarse. Añada el repollo y fríalo 3 o 4 minutos más.

≈ Añada las zanahorias y el apio, remueva bien y fríalo todo otros 5 minutos o hasta que las verduras estén blandas.

≈ Vierta el caldo vegetal o el agua y revuelva bien. Suba el fuego y cuando empiece a hervir, continúe cociendo a fuego lento unos 12-15 minutos. Añada el tomate, la sal y la pimienta negra molida al gusto. Tape la olla y cueza la sopa durante una hora aproximadamente. Hacia el final de la cocción, añada el perejil. Sirva la sopa decorada con queso rallado.

HECHOS NUTRICIONALES	
Por persona	
Calorías 280	Calorías procedentes de grasas 190
	% Valor diario
Total de grasas 21 g	48%
Grasas saturadas 4 g	20%
Grasas monoinsaturadas 14 g	0%
Grasas poliinsaturadas 2 g	0%
Colesterol 6 mg	2%
Sodio 151 mg	6%
Total carbohidratos 21 g	7%
Fibra dietética 6 g	24%
Azúcares 8 g	0%
Proteínas 5 g	0%

El tanto por ciento del valor diario se basa en una dieta de 2.000 calorías.

TIMBALES DE TOMATE Y PASTA CON SALSA DE ALBAHACA

4 RACIONES

Con este atractivo primer plato conseguirá impresionar a sus invitados con toda seguridad. Prepárelo con al menos una hora de antelación y cuézalo en el horno.

350 g de espaguetis multicolores
Aceite de oliva
4 rodajas pequeñas de tomate
2 cucharadas de pesto de tomate
2 huevos batidos
60 ml (2 fl oz) de leche
Sal y pimienta negra molida

Salsa

225 g (8 oz) de tomate tamizado envasado
1 cucharada de aceite de soja
4 cucharadas de albahaca fresca picada
Sal y pimienta negra molida

Decoración

1 manojo de perejil fresco
Tomates cherry

≈ Hierva una olla grande de agua y cueza los espaguetis con un chorro de aceite de oliva durante unos 10 minutos o hasta que estén listos, removiendo de vez en cuando. Escúrralos.

≈ Precaliente el horno a 170 °C (325 °F) o en la posición 3. Engrase 4 moldes de horno de 175 ml (6 fl oz) con aceite de oliva y coloque un círculo de papel engrasado en la base de cada uno de ellos, rellénelos con los espaguetis, dejando un poco de espacio en la parte superior.

≈ En un cuenco pequeño bata bien el pesto de tomate, los huevos, la leche, sal y pimienta negra molida, y cubra los espaguetis en los moldes con la mezcla.

≈ Coloque los moldes en una fuente con agua que cubra hasta la mitad de los laterales. Cuézalos en el horno unos 40 minutos o hasta que sea firme al tacto.

≈ Mientras tanto, para preparar la salsa, mezcle todos los ingredientes en una olla y, una vez que empiece a hervir, cuézalos a fuego lento 10 minutos hasta que empiece a espesarse.

≈ Desmolde los timbales con un cuchillo afilado y voltéelos en platos individuales. Vierta un poco de salsa alrededor de cada uno de ellos y decórelos.

HECHOS NUTRICIONALES

Por persona
Calorías 418 — Calorías procedentes de grasas 90

	% Valor diario
Total de grasas 10 g	15%
Grasas saturadas 2 g	10%
Grasas monoinsaturadas 4 g	0%
Grasas poliinsaturadas 2 g	0%
Colesterol 123 mg	38%
Sodio 115 mg	5%
Total carbohidratos 69 g	23%
Fibra dietética 3 g	12%
Azúcares 7 g	0%
Proteínas 17 g	0%

El tanto por ciento del valor diario se basa en una dieta de 2.000 calorías.

PATÉ DE BERENJENA Y CHAMPIÑONES

4 RACIONES

El paté vegetal es una alternativa saludable a los patés tradicionales y es un aperitivo nutritivo. Los vegetales son ricos en fibras y no tienen colesterol.

1 berenjena grande
1 cucharada de aceite de oliva
2 dientes de ajo machacados
125 g (4 oz) de champiñones pequeños, pelados y troceados
2 cucharadas de cilantro picado
¼ cucharadita de nuez moscada rallada
Pimienta
2 cucharaditas de zumo de limón
2 tomates, pelados, despepitados y troceados
4 cucharadas de trozos de pan integral

Decoración

Hojas de lechuga
Rodajas de pepino
Trozo de tomate
Pan integral tostado

≈ Encienda el grill a media potencia. Agujeree la berenjena con un tenedor y hágala al grill hasta que la piel empiece a cuartearse y la carne a ablandarse, dándole la vuelta 3 o 4 veces para que se haga homogéneamente por todas partes.

≈ En una olla con aceite de oliva fría el ajo y los champiñones unos 2 minutos. Retire el exceso de líquido y añada el cilantro, la nuez moscada, la pimienta y el zumo de limón, y mézclelo bien.

≈ Despegue la carne de la berenjena y cuélela con cuidado, presionando un poco para que suelte el líquido. Bata con una batidora la berenjena, la mezcla de champiñones y los tomates, hasta que se licue. Añada los trozos de pan.

≈ Enfríe la mezcla en un cuenco tapado durante 1 o 2 horas.

≈ Sirva el paté decorado con lechuga, pepinillo y tomate y acompañado de pan integral tostado.

HECHOS NUTRICIONALES	
Por persona	
Calorías 61	Calorías procedentes de grasas 27
	% Valor diario
Total de grasas 3 g	5%
Grasas saturadas 0,5 g	2,5%
Grasas monoinsaturadas 2 g	0%
Grasas poliinsaturadas 0,5 g	0%
Colesterol 0 mg	0%
Sodio 55 mg	2%
Total carbohidratos 6 g	2%
Fibra dietética 3 g	12%
Azúcares 2 g	0%
Proteínas 2 g	0%

El tanto por ciento del valor diario se basa en una dieta de 2.000 calorías.

ENSALADA DE CARAMBOLA Y RÚCOLA CON ALIÑO DE FRAMBUESA

4 RACIONES

Esta ensalada es estupenda como acompañamiento o aperitivo. El sabor fuerte y característico de la rúcola se mezcla muy bien con verduras dulces, como la lechuga iceberg o la lechuga romana, pero tenga cuidado de no añadir demasiada rúcola y de no partirla muy grande o tapará el sabor de otros ingredientes más delicados, como la carambola. Si no se dispone de rúcola pueden utilizarse berros.

½ lechuga iceberg cortada
12 hojas de rúcola medianas, cortadas muy finas
3 cebolletas picadas
2 carambolas, en rodajas y partidas en cuatro trozos

Aliño

3 cucharadas de vinagre de frambuesa
1 cucharadita de azúcar de flor
Sal y pimienta negra molida
8 cucharadas de aceite de oliva

≈ Mezcle la lechuga, la rúcola y la cebolleta en una ensaladera. A continuación, prepare el aliño mezclando en un cuenco el vinagre con sal y pimienta y batiendo para mezclar el azúcar hasta que se disuelva. Añada el aceite de oliva lentamente para que todos los ingredientes se mezclen bien.

≈ Añada la carambola a la ensalada. Alíñela y mézclela con suavidad. Sírvala inmediatamente. La carambola se seca rápidamente y se decolora por los bordes, por lo que una vez cortada debe utilizarse inmediatamente.

HECHOS NUTRICIONALES

Por persona
Calorías 237 — Calorías procedentes de grasas 200

	% Valor diario
Total de grasas 22 g	34%
Grasas saturadas 3 g	15%
Grasas monoinsaturadas 16 g	0%
Grasas poliinsaturadas 2 g	0%
Colesterol 0 mg	0%
Sodio 4 mg	0,2%
Total carbohidratos 8 g	3%
Fibra dietética 1,5 g	6%
Azúcares 8 g	0%
Proteínas 1 g	0%

El tanto por ciento del valor diario se basa en una dieta de 2.000 calorías.

ENSALADA GRIEGA DE PATATA

4 RACIONES

Esta ensalada debe prepararse con dos días de antelación. Guárdela tapada en la nevera y olvídese de ella hasta el último momento; de este modo tendrá un sabor mucho más rico.

900 g (2 lb) de patatas nuevas pequeñas lavadas
1 cebolla roja mediana, en aros finos
50 g (2 oz) de aceitunas kalamata
4 cucharadas de aceite de oliva
2 cucharadas de vinagre
Sal y pimienta negra molida al gusto
1 cucharadita de tomillo

≈ Cubra las patatas con agua hirviendo en una olla grande. Cuando el agua empiece a hervir cuézalas durante 20-25 minutos o hasta que estén tiernas. Escúrralas y déjelas enfriar un poco.

≈ Corte las patatas en rodajas de ½ cm aproximadamente y colóquelas con un diseño circular en una fuente, mezclando las rodajas de patata con los aros de cebolla. Añada las aceitunas.

≈ Ponga el aceite, el vinagre, la sal y pimienta y el tomillo en una jarra con tapón y agítelo bien. Aliñe la ensalada, tápela y sírvala fría.

HECHOS NUTRICIONALES	
Por persona	
Calorías 278	Calorías procedentes de grasas 117
	% Valor diario
Total de grasas 13 g	20%
Grasas saturadas 2 g	10%
Grasas monoinsaturadas 9 g	0%
Grasas poliinsaturadas 1 g	0%
Colesterol 0 mg	0%
Sodio 307 mg	13%
Total carbohidratos 38 g	13%
Fibra dietética 4 g	16%
Azúcares 4 g	0%
Proteínas 4 g	0%

El tanto por ciento del valor diario se basa en una dieta de 2.000 calorías.

ENSALADA GRIEGA CLÁSICA

4 RACIONES

El secreto de esta ensalada famosa en el mundo entero no está en su preparación sino en los ingredientes, que deben ser de primera calidad para recrear la atmósfera de días tranquilos bajo el sol junto al Mediterráneo.

2 tomates maduros grandes
Pepinillo cortado en dados
1 pimiento verde despepitado y cortado en aros
50 g (2 oz) de aceitunas kalamata
1 cebolla roja grande, en rodajas muy finas
175 g (6 oz) de queso feta cortado en dados pequeños
Ralladura y zumo de ½ limón
4 cucharadas de aceite de oliva
1 cucharadita de orégano
Sal gorda al gusto

≈ Corte los tomates en cuñas finas y échelos en una ensaladera pequeña. Añada el pepinillo, el pimiento y las aceitunas.

≈ Mezcle la ensalada con la mitad de los aros de cebolla y del queso feta. El resto de cebolla y de queso puede utilizarlo para decorar la ensalada.

≈ Espolvoree la ensalada con la ralladura y el zumo de limón, y añada un chorro de aceite de oliva, orégano y sal. Mezcle la ensalada con cuidado justo antes de servirla.

HECHOS NUTRICIONALES

Por persona
Calorías 258 — Calorías procedentes de grasas 200

	% Valor diario
Total de grasas 22 g	34%
Grasas saturadas 8 g	40%
Grasas monoinsaturadas 11 g	0%
Grasas poliinsaturadas 2 g	0%
Colesterol 31 mg	10%
Sodio 920 mg	38%
Total carbohidratos 7 g	2%
Fibra dietética 3 g	12%
Azúcares 6 g	0%
Proteínas 9 g	0%

El tanto por ciento del valor diario se basa en una dieta de 2.000 calorías.

ENSALADA DE LA RIVIERA ALIÑADA CON PIÑA Y JENGIBRE

4 RACIONES

Ideal para disfrutarla en verano.

225 g (8 oz) de judías verdes, recortadas
Sal
4 aros de piña en conserva en su jugo natural
4 cebolletas, peladas y en rodajas
175 g (6 oz) de queso duro bajo en contenido graso y cortado en dados
12 aceitunas negras
¼ lechuga pequeña

Aliño

2 cucharadas de zumo de piña de lata
2 cucharadas de zumo de naranja
Una pizca de jengibre molido
2 cucharadas de yogur desnatado natural
Sal y pimienta

≈ Cueza las judías verdes en agua hirviendo salada durante 6-8 minutos o hasta que empiecen a estar tiernas. Escúrralas en un colador, déjelas enfriar bajo el grifo de agua fría para que dejen de cocerse y escúrralas de nuevo.

≈ Escurra la piña, guardando el jugo, y córtela en pedazos. Mézclela con las judías, la cebolleta, el queso y las aceitunas.

≈ Prepare el aliño con los ingredientes, y viértalo sobre la ensalada, mezclándolo bien. Haga un lecho de hojas de lechuga en una fuente y coloque encima la ensalada justo antes de servirla. Sírvala fría con pan caliente y crujiente.

HECHOS NUTRICIONALES	
Por persona	
Calorías 169	Calorías procedentes de grasas 72
	% Valor diario
Total de grasas 8 g	12%
Grasas saturadas 4 g	20%
Grasas monoinsaturadas 2 g	0%
Grasas poliinsaturadas 0,5 g	0%
Colesterol 19 mg	6%
Sodio 500 mg	21%
Total carbohidratos 10 g	3%
Fibra dietética 3 g	12%
Azúcares 9 g	0%
Proteínas 16 g	0%

El tanto por ciento del valor diario se basa en una dieta de 2.000 calorías.

ENSALADA DE TORTELLINI, PIMIENTOS Y PIÑONES

4 RACIONES

Si lo prefiere, puede utilizar pimientos en lugar de guindilla. Es aconsejable dejar enfriar la ensalada durante al menos una hora antes de servirla.

350 g (12 oz) de tortellini frescos (pasta rellena)
1 chorro de aceite de oliva
1 cebolla en rodajas muy finas
1 pimiento verde, sin semillas y cortado en dados pequeños
75 g (3 oz) de piñones tostados
1 guindilla roja, despepitada y en rodajas o 1 pimiento rojo (opcional)
½ pepinillo, en rodajas muy finas
1 naranja pelada y cortada muy fina

Aliño

4 cucharadas de aceite de oliva
2 cucharadas de aceite de soja
2 cucharadas de vinagre
Sal y pimienta negra molida

≈ Cueza los tortellini, en una olla grande de agua hirviendo, con un chorro de aceite de oliva durante unos 4 minutos, removiendo de vez en cuando. Escúrralos y déjelos enfriar bajo el grifo de agua fría. Escúrralos de nuevo.

≈ En una fuente, mezcle con suavidad los tortellini con el resto de los ingredientes.

≈ Para preparar el aliño, vierta los ingredientes en una jarra con tapa de rosca y agítelo bien. Aliñe la ensalada, mézclela y sírvala.

HECHOS NUTRICIONALES

Por persona
Calorías 378 — Calorías procedentes de grasas 225

	% Valor diario
Total de grasas 25 g	38%
Grasas saturadas 5 g	25%
Grasas monoinsaturadas 12 g	0%
Grasas poliinsaturadas 6,5 g	0%
Colesterol 0 mg	0%
Sodio 7 mg	0,3%
Total carbohidratos 29 g	10%
Fibra dietética 3 g	12%
Azúcares 7 g	0%
Proteínas 10 g	0%

El tanto por ciento del valor diario se basa en una dieta de 2.000 calorías.

Ensalada de espinacas e higos

4 RACIONES

450 g (1 lb) de espinacas frescas lavadas
25 g (1 oz) de piñones
3 higos frescos
4 cucharadas de limón para aliñar
Un ramillete de flores capuchinas para adornar (opcional)

HECHOS NUTRICIONALES

Por persona
Calorías 81 — Calorías procedentes de grasas 36

	% Valor diario
Total de grasas 4 g	6%
Grasas saturadas 0,4 g	2%
Grasas monoinsaturadas 1 g	0%
Grasas poliinsaturadas 2,5 g	0%
Colesterol 0 mg	0%
Sodio 160 mg	7%
Total carbohidratos 6 g	2%
Fibra dietética 4 g	16%
Azúcares 6 g	0%
Proteínas 4 g	0%

El tanto por ciento del valor diario se basa en una dieta de 2.000 calorías.

≈ Quite los tallos gruesos de las espinacas y corte las hojas en pedazos. Lávelas y escúrralas con un colador. Tueste los piñones en una sartén pequeña a fuego medio removiendo sin cesar, y cuando estén tostados, apártelos del fuego y déjelos enfriar.

≈ Lave los higos, quite los tallos y córtelos en cuatro pedazos y cada uno de ellos en rodajas finas. Mezcle las espinacas, los piñones y los higos en una fuente. Riegue con el zumo de limón, mézclelo bien y decore si lo desea con unas capuchinas frescas.

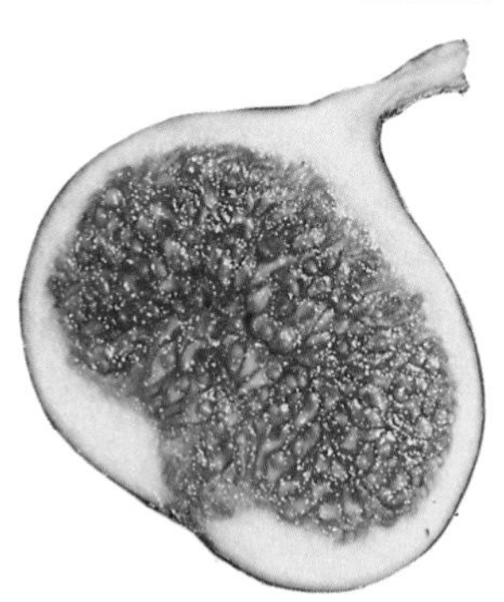

Ensalada de pimientos y tomates asados

4 RACIONES

Esta ensalada roja recibe el nombre de «asadilla» y es ideal para el verano. Puede servirse con un poco de pan tostado y decorarse con tiras de anchoa.

2 pimientos rojos grandes
2 tomates grandes
3 cucharadas de aceite de oliva
2 dientes de ajo picados finos
1 cucharada de orégano fresco picado
Sal y pimienta negra molida

HECHOS NUTRICIONALES

Por persona
Calorías 117 — Calorías procedentes de grasas 80

	% Valor diario
Total de grasas 9 g	14%
Grasas saturadas 1,5 g	7,5%
Grasas monoinsaturadas 6 g	0%
Grasas poliinsaturadas 1 g	0%
Colesterol 0 mg	0%
Sodio 10 mg	0,4%
Total carbohidratos 8 g	3%
Fibra dietética 3 g	12%
Azúcares 8 g	0%
Proteínas 1,5 g	0%

El tanto por ciento del valor diario se basa en una dieta de 2.000 calorías.

≈ Para pelar los pimientos, áselos manteniéndolos pinchados con un tenedor sobre la llama hasta que estén negros y rugosos (o áselos al grill dándoles un cuarto de vuelta cada 5 minutos). Métalos en una bolsa de plástico 10 minutos y después pélelos, quitando las pepitas y guardando el jugo.

≈ Mientras tanto, pele los tomates, córtelos en cuatro partes, quite las pepitas y guarde el jugo. Corte los tomates en rodajas y colóquelos en una fuente de horno engrasada con aceite.

≈ Corte los pimientos del mismo modo y añádalos. Aliñe con el ajo, las hierbas, el resto de aceite, sal y pimienta. Cuele el jugo de tomate y de pimiento y añádalo. Áselos durante unos 20 minutos en el horno, precalentado a la temperatura más alta posible y después déjelos enfriar.

≈ Además de ser una deliciosa ensalada, puede hacerse puré y utilizarse como salsa para otros platos. Puede guardarse en la nevera (durante una semana o más,) por lo que merece la pena preparar grandes cantidades.

ENSALADA DE TOMATE Y PASTA

6 RACIONES

Acuérdese de esta receta cuando esté de vacaciones junto al Mediterráneo, donde puede comprar tomates maduros muy sabrosos y un pan maravilloso para mojar en la salsa.

- 225 g (8 oz) de pasta (lacitos)
- Sal y pimienta negra molida
- 1 kg. (2½ lb) de tomates pelados y en rodajas
- Un chorro de vinagre de sidra o balsámico
- 3 dientes de ajo picados finos
- Unas 12 aceitunas negras en láminas finas
- Un manojo de albahaca
- Aceite de oliva virgen
- Picatostes para servir

≈ Cueza la pasta en agua salada hirviendo unos 15 minutos o según las instrucciones del paquete. Una vez cocida, espolvoree los tomates con sal y unas gotas de vinagre (no se exceda con el vinagre).

≈ Escurra la pasta y viértala en una fuente, haciendo capas con el tomate. Aliñe cada capa de tomate con ajo, pimienta negra molida, aceitunas y albahaca. Eche un chorro de aceite de oliva (menos que para otras ensaladas) y cubra la ensalada con un plato. Déjela marinarse 2 o 3 horas antes de servirla.

≈ Sírvala con un poco más de aceite y los picatostes.

HECHOS NUTRICIONALES

Por persona	
Calorías 205	Calorías procedentes de grasas 45
	% Valor diario
Total de grasas 5 g	8%
Grasas saturadas 1 g	5%
Grasas monoinsaturadas 2 g	0%
Grasas poliinsaturadas 1 g	0%
Colesterol 0 mg	0%
Sodio 176 mg	7%
Total carbohidratos 37 g	12%
Fibra dietética 5 g	20%
Azúcares 7 g	0%
Proteínas 6 g	0%

El tanto por ciento del valor diario se basa en una dieta de 2.000 calorías.

ENSALADA DE TALLARINES Y VERDURAS RALLADAS

4 RACIONES

Es el acompañamiento perfecto para cualquier plato. Acuérdese de la receta la próxima vez que organice una barbacoa. Para una comida, puede acompañarse de otros platos, como kebabs vegetales.

225 g (8 oz) de zanahorias baby ralladas
Sal y pimienta negra molida
Zumo de 1 naranja
1 cucharada de aceite de avellana o nuez
225 g (8 oz) de calabacines rallados gruesos
Zumo de 1 lima
3 cucharadas de aceite de oliva
4 ramilletes de albahaca cortados
350 g (12 oz) de tallarines o linguine frescos
6 cebolletas picadas fino

Decoración

Hojas de albahaca

≈ Aliñe las zanahorias con sal y pimienta. Añada el zumo de naranja y el aceite de avellana o nuez; a continuación deje reposar al menos una hora antes de servir.

≈ Añada los calabacines con el zumo de lima, un cucharada de aceite de oliva y la albahaca. Cubra y deje reposar unos 30 minutos (los calabacines no deben dejarse en reposo tanto como las zanahorias).

≈ Cueza los tallarines o linguine en agua con sal unos 3 minutos o hasta que estén tiernos. Escúrralos bien y alíñelos con el aceite restante, las cebolletas y abundante pimienta.

≈ Distribuya en capas la pasta, las zanahorias y los calabacines en un plato, o sírvalos en una fuente o plato hondo. Añada por encima la albahaca y sirva luego.

HECHOS NUTRICIONALES

Por persona
Calorías 431 — Calorías procedentes de grasas 117

	% Valor diario
Total de grasas 13 g	20%
Grasas saturadas 2 g	10%
Grasas monoinsaturadas 7 g	0%
Grasas poliinsaturadas 4 g	0%
Colesterol 0 mg	0%
Sodio 25 mg	1%
Total carbohidratos 70 g	3%
Fibra dietética 6 g	24%
Azúcares 8 g	0%
Proteínas 12 g	0%

El tanto por ciento del valor diario se basa en una dieta de 2.000 calorías.

ENSALADA DE PASTA CON DÁTILES FRESCOS

4 RACIONES

225 g (8 oz) de pasta (por ejemplo, oricchietti)
Sal y pimienta negra molida
4 pencas de apio en rodajas
1 cucharada de piñones
50 g (2 oz) de nueces o nueces de pecán machacadas
225 g (8 oz) de dátiles frescos, sin hueso y en rodajas
1 manojo de berros
4 cucharadas de perejil picado
1 cucharada de menta picada
Un manojo de hojas frescas de albahaca cortadas
3 cucharadas de vinagre balsámico
1 diente de ajo machacado y picado
1 cucharada de aceite de nueces
125 ml (4 fl oz) de aceite de oliva

≈ Cueza la pasta en agua salada hirviendo unos 15 minutos o según las instrucciones del paquete.

≈ Blanquee el apio hirviéndolo en agua salada durante un minuto y escúrralo.

≈ Tueste los piñones en una sartén pequeña a fuego bajo o medio, agitándolos o removiendo con frecuencia hasta que adquieran un tono tostado claro homogéneo.

≈ Mezcle las nueces con los piñones, los dátiles, los berros, el perejil, la menta y la albahaca en un cuenco grande. Ponga el vinagre balsámico con el ajo, la sal y la pimienta, al gusto, en un cuenco y agregue poco a poco los aceites de oliva y de nuez. Vierta el aliño sobre la mezcla de nueces y dátiles.

≈ Escurra la pasta y mézclela bien con los demás ingredientes. Déjela enfriar cubierta antes de servir la ensalada.

HECHOS NUTRICIONALES	
Por persona	
Calorías 650	Calorías procedentes de grasas 378
	% Valor diario
Total de grasas 42 g	65%
Grasas saturadas 5 g	25%
Grasas monoinsaturadas 23 g	0%
Grasas poliinsaturadas 12 g	0%
Colesterol 9 mg	0%
Sodio 40 mg	2%
Total carbohidratos 61 g	20%
Fibra dietética 6 g	24%
Azúcares 20 g	0%
Proteínas 11 g	0%

El tanto por ciento del valor diario se basa en una dieta de 2.000 calorías.

YOGUR CON FRUTA DE LA PASIÓN

3 RACIONES

Un aperitivo refrescante, rápido de preparar y nutritivo.

225 ml (8 fl oz) de yogur
2-3 frutas de la pasión
100 g (4 oz) de anacardos
Azúcar al gusto (opcional)
4 hojas de lechuga

Decoración
Pepino

≈ Vierta el yogur en un cuenco, corte la fruta de la pasión por la mitad y mézclelo con los anacardos. Añada azúcar, si lo desea.

≈ Con una cuchara, sírvalo en una fuente con un lecho de hojas de lechuga y decórelo con pepinillo. Sírvalo con panecillos integrales templados.

HECHOS NUTRICIONALES	
Por persona	
Calorías 123	Calorías procedentes de grasas 63
	% Valor diario
Total de grasas 7 g	11%
Grasas saturadas 2 g	10%
Grasas monoinsaturadas 4 g	0%
Grasas poliinsaturadas 1 g	0%
Colesterol 3 mg	1%
Sodio 67 mg	3%
Total carbohidratos 9 g	3%
Fibra dietética 1 g	4%
Azúcares 7 g	0%
Proteínas 7 g	0%

El tanto por ciento del valor diario se basa en una dieta de 2.000 calorías.

ENSALADA AROMÁTICA DE CHAMPIÑONES Y PASTA

4 RACIONES

Puede servirse como un plato único, a la hora del almuerzo, o como acompañamiento.

450 g (1 lb) de pasta
Chorro de aceite de oliva
50 g (2 oz) de champiñones en cuatro trozos
1 pimiento rojo, despepitado y cortado en dados
1 pimiento amarillo, despepitado y cortado en dados
1 taza de aceitunas negras sin hueso
4 cucharadas de albahaca fresca picada
2 cucharadas de perejil fresco picado

Aliño

2 cucharaditas de vinagre
1 cucharadita de sal
Pimienta negra molida
4 cucharadas de aceite de oliva virgen
1 diente de ajo, machacado
1-2 cucharaditas de mostaza de Dijon

≈ Cueza la pasta en una olla grande con agua hirviendo y un chorro de aceite de oliva durante unos 10 minutos, removiendo de cuando en cuando. Escúrrala, aclárela con agua fría y escúrrala otra vez.

≈ En una ensaladera, incorpore la pasta con el resto de los ingredientes y mézclelo bien.

≈ Para el aliño, mezcle todos los ingredientes en una jarra con tapadera de rosca y agítela bien. Vierta el aliño sobre la ensalada y remuévala.

≈ Tape la ensalada y déjela enfriar en la nevera al menos 30 minutos. Mézclela de nuevo antes de servirla.

HECHOS NUTRICIONALES	
Por persona	
Calorías 566	Calorías procedentes de grasas 162
	% Valor diario
Total de grasas 18 g	28%
Grasas saturadas 3 g	15%
Grasas monoinsaturadas 10,5 g	0%
Grasas poliinsaturadas 2,5 g	0%
Colesterol 0 mg	0%
Sodio 620 mg	26%
Total carbohidratos 91 g	30%
Fibra dietética 9 g	36%
Azúcares 8 g	0%
Proteínas 16 g	0%

El tanto por ciento del valor diario se basa en una dieta de 2.000 calorías.

CARACOLAS DE PASTA RELLENAS

4 RACIONES

Es un plato adecuado para servir como aperitivo o canapé en una fiesta. Pueden hacerse con antelación y servirse frías o recalentarse en el horno y servirse calientes.

≈ Cueza la pasta en una olla grande con agua hirviendo y un chorro de aceite de oliva durante unos 10 minutos, removiendo de vez en cuando. Escúrrala y déjela enfriar bajo el chorro de agua fría del grifo. Escúrrala de nuevo y esparza las conchas sobre papel de cocina.

≈ Para preparar el relleno, en una olla grande de agua hierva las lentejas a fuego lento durante unos 30 minutos. Escúrralas y aclárelas con agua fría.

≈ Fría en una sartén grande el ajo, los tomates picados, el puré de tomate, la albahaca fresca, el vino, la sal y pimienta negra molida. Una vez que empiece a hervir, déjelo cocerse a fuego lento 2 o 3 minutos, añada las lentejas removiendo y déjelo otros 10 minutos hasta que se evapore el líquido y la mezcla quede espesa.

≈ Rellene las caracolas de pasta utilizando una cucharilla de postre y coloque la pasta rellena en una fuente para el horno. Mezcle los ingredientes de la cobertura en un cuenco y espolvoree las caracolas rellenas. Por último, tuéstelas al grill unos 5 minutos.

350 g (12 oz) de *conchiglie rigate* (conchas grandes)
Un chorro de aceite de oliva

Relleno

175 g (6 oz) de lentejas pardinas, lavadas y escurridas
2 dientes de ajo, machacados
350 g (14 oz) de tomate picado enlatado
1 cucharada de puré de tomate
3 cucharadas de albahaca fresca
4 cucharadas de vino tinto seco
Sal y pimienta negra molida

Cobertura

4 cucharadas de picatostes
50 g (2 oz) de queso parmesano rallado
3 cucharadas de perejil picado

HECHOS NUTRICIONALES

Por persona
Calorías 461 — Calorías procedentes de grasas 63

	% Valor diario
Total de grasas 7 g	11%
Grasas saturadas 2,5 g	12,5%
Grasas monoinsaturadas 2 g	0%
Grasas poliinsaturadas 1 g	0%
Colesterol 10 mg	3%
Sodio 280 mg	12%
Total carbohidratos 77 g	26%
Fibra dietética 11 g	44%
Azúcares 5 g	0%
Proteínas 26 g	0%

El tanto por ciento del valor diario se basa en una dieta de 2.000 calorías.

Mojos, salsas y guarniciones

MOJO DE YOGUR, PEPINO Y AJO

4 RACIONES

Refrescante y ligero, debe servirse frío. Su elaboración es sencilla y está delicioso sólo con pan de pita o como acompañamiento de fritos.

450 ml (16 fl oz) de yogur natural
½ pepino
3 dientes de ajo, machacados
2 cucharadas de menta fresca picada
2 cucharadas de aceite de oliva
1 cucharada de vinagre blanco
Sal al gusto

Decoración

Menta fresca picada

≈ Vierta el yogur en un cuenco de tamaño mediano. Pele el pepino y rállelo, exprimiendo cada poco con la palma de la mano para evitar exceso de líquido. Mezcle el pepino con el yogur.

≈ Añada el ajo, la menta fresca, el aceite de oliva y el vinagre, y aderécelo con sal al gusto. Tápelo y déjelo enfriar en la nevera tanto como sea necesario. Antes de servirlo, decórelo con menta fresca.

HECHOS NUTRICIONALES

Por persona
Calorías 125 — Calorías procedentes de grasas 60

	% Valor diario
Total de grasas 6,5 g	10%
Grasas saturadas 1 g	5%
Grasas monoinsaturadas 4 g	0%
Grasas poliinsaturadas 0,5 g	0%
Colesterol 5 mg	2%
Sodio 96 mg	4%
Total carbohidratos 10 g	3%
Fibra dietética 1 g	4%
Azúcares 10 g	0%
Proteínas 7 g	0%

El tanto por ciento del valor diario se basa en una dieta de 2.000 calorías.

SALSA DE CARAMBOLA Y ALUBIAS NEGRAS

6 RACIONES

Un acompañamiento poco habitual para platos al grill.

225 g (8 oz) de alubias negras enlatadas, escurridas
140 g (5 oz) de granos de maíz, frescos
225 g (8 oz) de tomates maduros, picados
4 cebolletas, peladas y picadas
½ pimiento verde, despepitado y en dados pequeños
½ pimiento rojo, despepitado y en dados pequeños
2 cucharadas de aceite de oliva
110 ml (4 fl oz) de vinagre
Salsa de guindilla al gusto
Comino molido al gusto
Sal y pimienta negra molida al gusto
1 carambola (½ en rodajas finas en forma de x y ½ en dados)

≈ Mezcle las alubias, el maíz, los tomates, las cebollas, los pimientos, el aceite de oliva y el vinagre. Sazónelo con salsa de guindilla o salsa inglesa Worcestershire, comino, sal y pimienta. Añada los cubitos de carambola y utilice el resto para decorar.

≈ Tape la salsa y enfríela en la nevera durante al menos 3 horas, para que se mezclen los sabores. Sírvala fría.

HECHOS NUTRICIONALES	
Por persona	
Calorías 128	Calorías procedentes de grasas 45
	% Valor diario
Total de grasas 5 g	8%
Grasas saturadas 1 g	5%
Grasas monoinsaturadas 3 g	0%
Grasas poliinsaturadas 1 g	0%
Colesterol 0 mg	0%
Sodio 110 mg	5%
Total carbohidratos 17 g	6%
Fibra dietética 4 g	16%
Azúcares 6 g	0%
Proteínas 5 g	0%

El tanto por ciento del valor diario se basa en una dieta de 2.000 calorías.

ALIÑO DE PIÑA Y COCO

6 RACIONES

225 g (8 oz) de piña madura en dados
110 g (4 oz) de pimiento amarillo despepitado y en dados
½ cebolla roja en dados
1 guindilla en dados
110 g (4 oz) de copos de coco seco sin edulcorar
1 cucharada de vinagre de jerez

≈ Mezcle todos los ingredientes en una fuente.

≈ Tápelos y deje el aliño reposar a temperatura ambiente al menos 10 o 15 minutos antes de servirlo.

HECHOS NUTRICIONALES	
Por persona	
Calorías 62	Calorías procedentes de grasas 45
	% Valor diario
Total de grasas 5 g	8%
Grasas saturadas 4,5 g	22%
Grasas monoinsaturadas 0,3 g	0%
Grasas poliinsaturadas 0,2 g	0%
Colesterol 0 mg	0%
Sodio 3 mg	0,1%
Total carbohidratos 3 g	1%
Fibra dietética 2 g	8%
Azúcares 3 g	0%
Proteínas 1 g	0%

El tanto por ciento del valor diario se basa en una dieta de 2.000 calorías.

GUACAMOLE

4 RACIONES

Si va a preparar guacamole, hágalo en abundancia porque es tan delicioso que tras un par de bocados uno se siente tentado a comer más. Esta receta es justo para cuatro personas; servir con cortezas de maíz.

½ guindilla seca
1 diente de ajo
2 aguacates grandes o 4 pequeños, muy maduros

≈ Abra la guindilla, quítele las pepitas y macháquela en un mortero con el ajo y una o dos cucharadas de agua. Déjelo reposar 10 o 15 minutos. Pise el aguacate con un pisapatatas y mézclelo con la mezcla de ajo y guindilla previamente colada.

≈ Puede servirse solo y para hacer una buena decoración puede doblarse la ración de ajo y guindilla.

HECHOS NUTRICIONALES	
Por persona	
Calorías 138	Calorías procedentes de grasas 126
	% Valor diario
Total de grasas 14 g	21%
Grasas saturadas 3 g	15%
Grasas monoinsaturadas 9 g	0%
Grasas poliinsaturadas 2 g	0%
Colesterol 0 mg	0%
Sodio 4 mg	0,2%
Total carbohidratos 1,5 g	0,5%
Fibra dietética 4 g	16%
Azúcares 0,4 g	0%
Proteínas 1 g	0%

El tanto por ciento del valor diario se basa en una dieta de 2.000 calorías.

GUACAMOLE ESPECIAL

4 RACIONES

Los ingredientes básicos son los mismos que para el guacamole.
1 tomate mediano
½ cebolla pequeña
1 cucharada de cilantro picado
Sal

≈ Pele el tomate, quítele las pepitas y píquelo. Pique la cebolla muy fina con una trituradora. Añada estos ingredientes al guacamole y sálelo si lo desea.

≈ Pueden hacerse otras variaciones con esta típica receta mexicana, quitando o añadiendo ajo o guindilla o, si se prefiere, ambos ingredientes.

≈ También puede añadir cilantro picado y el guacamole no será ni mejor ni peor sino diferente.

HECHOS NUTRICIONALES	
Por persona	
Calorías 146	Calorías procedentes de grasas 126
	% Valor diario
Total de grasas 14 g	21,5%
Grasas saturadas 3 g	15%
Grasas monoinsaturadas 9 g	0%
Grasas poliinsaturadas 2 g	0%
Colesterol 0 mg	0%
Sodio 7 mg	0,3%
Total carbohidratos 3 g	1%
Fibra dietética 4 g	16%
Azúcares 1,5 g	0%
Proteínas 2 g	0%

El tanto por ciento del valor diario se basa en una dieta de 2.000 calorías.

SALSA DE PIÑA

6 RACIONES

450 g (16 oz) de piña madura pelada y sin corazón o de piña en conserva en su jugo
3 cucharadas de cilantro fresco picado
2 cucharaditas de zumo de lima recién exprimido
⅛ cucharadita de comino molido
⅛ cucharadita de pimienta blanca molida

≈ Mezcle en un cuenco todos los ingredientes, tápelo y guárdelo en la nevera. Sírvalo frío.

HECHOS NUTRICIONALES	
Por persona	
Calorías 14	Calorías procedentes de grasas 0
	% Valor diario
Total de grasas 0 g	0%
Grasas saturadas 0 g	0%
Grasas monoinsaturadas 0 g	0%
Grasas poliinsaturadas 0 g	0%
Colesterol 0 mg	0%
Sodio 1 mg	0%
Total carbohidratos 3 g	1%
Fibra dietética 0,5 g	2%
Azúcares 3 g	0%
Proteínas 0,2 g	0%

El tanto por ciento del valor diario se basa en una dieta de 2.000 calorías.

SOFRITO DE TOMATE Y PIMIENTO

6 RACIONES

Esta salsa de tomate y pimiento es un clásico en muchas cocinas mediterráneas. Puede acompañar a platos de arroz y tortillas o servirse con cortezas de maíz.

2 cebollas picadas finas
1 pimiento verde grande, sin semillas y en dados
5 dientes de ajo machacados
½ copa de aceite de oliva
110 ml (4 fl oz) de pimientos en dados en conserva, escurridos
225 g (8 oz) de salsa de tomate enlatada
1 cucharadita de orégano
1 cucharada de vinagre

≈ En una sartén grande, sofría a fuego lento las cebollas, el pimiento verde y el ajo en aceite de oliva unos 15 minutos, o hasta que estén tiernos y empiecen a dorarse. Añada los pimientos en conserva y fríalos unos 5 minutos más a fuego lento.

≈ Añada la salsa de tomate, el orégano y el vinagre, y déjelo otros 10 minutos al fuego. Una vez fría, puede conservar la salsa en un tarro de cierre hermético en la nevera hasta dos semanas.

HECHOS NUTRICIONALES	
Por persona	
Calorías 191	Calorías procedentes de grasas 162
	% Valor diario
Total de grasas 18 g	28%
Grasas saturadas 3 g	15%
Grasas monoinsaturadas 13 g	0%
Grasas poliinsaturadas 2 g	0%
Colesterol 0 mg	0%
Sodio 31 mg	1%
Total carbohidratos 5 g	2%
Fibra dietética 2 g	8%
Azúcares 4 g	0%
Proteínas 1 g	0%

El tanto por ciento del valor diario se basa en una dieta de 2.000 calorías.

VINAGRETA DE CURRY Y LIMA

6 RACIONES

Un acompañamiento delicioso para alcachofas, champiñones y espárragos. En esta receta se sustituye el limón habitual por la lima, que resulta más refrescante.

1½ cucharadita de ralladura de lima
50 ml (2 fl oz) de zumo de lima
4 cucharadas de curry en polvo
110 ml (4 fl oz) de aceite de alazor
Sal y pimienta negra molida al gusto
Semillas de papaya al gusto (opcional)

≈ Mezcle la ralladura y el zumo de lima en un cuenco pequeño, añada el curry en polvo, el aceite de alazor y el aliño que se desee, y mézclelo muy bien. Sirva la vinagreta a temperatura ambiente.

HECHOS NUTRICIONALES

Por persona
Calorías 169 — Calorías procedentes de grasas 162

	% Valor diario
Total de grasas 18 g	28%
Grasas saturadas 2 g	10%
Grasas monoinsaturadas 2 g	0%
Grasas poliinsaturadas 13 g	0%
Colesterol 0 mg	0%
Sodio 10 mg	0,4%
Total carbohidratos 1 g	0,3%
Fibra dietética 1 g	4%
Azúcares 0,1 g	0%
Proteínas 0,2 g	0%

El tanto por ciento del valor diario se basa en una dieta de 2.000 calorías.

MOJO DE PIMIENTO Y LIMA

6 RACIONES

Es un buen acompañamiento para muchos platos de verduras, aunque es especialmente apropiado para la alcachofa.

½ cucharadita de sal
1 diente de ajo picado muy fino
1 guindilla pequeña, sin pepitas y picada muy fina
50 ml (2 fl oz) de zumo de lima
100 ml (3 fl oz) de cebolla picada muy fina
6 cucharadas de agua fría
1-2 cucharadas de cilantro fresco picado (opcional)

≈ Forme una pasta machacando el ajo con la guindilla y la sal. Añada el zumo de lima, la cebolla, el agua y el cilantro (si se desea).

≈ Déjelo reposar una hora antes de servirlo.

HECHOS NUTRICIONALES

Por persona
Calorías 5 — Calorías procedentes de grasas 0

	% Valor diario
Total de grasas 0 g	0%
Grasas saturadas 0 g	0%
Grasas monoinsaturadas 0 g	0%
Grasas poliinsaturadas 0 g	0%
Colesterol 0 mg	0%
Sodio 1 mg	0%
Total carbohidratos 1 g	0,3%
Fibra dietética 0,2 g	0,8%
Azúcares 1 g	0%
Proteínas 0,2 g	0%

El tanto por ciento del valor diario se basa en una dieta de 2.000 calorías.

SALSA DE KUMQUAT

PARA UNOS 550 ML

Es una sabrosa salsa tipo naranja, que puede servirse con todo tipo de platos vegetales.

2 cebolletas peladas y en rodajas
1 cucharadita de jengibre rallado
Piel de 1 lima, cortada en tiras finas
110 g (4 oz) de kumquats, cortados en cuatro trozos y despepitados
½ pastilla o cubito de caldo vegetal
550 ml (1 pt) de agua
Ralladura fina y zumo de 1 naranja
3 cucharadas de harina de maíz
2 cucharadas de azúcar

≈ Cueza durante 10 o 15 minutos las cebollas, el jengibre, la lima, los kumquats, la pastilla o cubito de caldo y el agua, hasta que los kumquats estén blandos.

≈ Mezcle el zumo y la piel de naranja con la harina de maíz y la salsa de kumquats.

Cuando hierva, déjelo cocer 2 o 3 minutos. Añada azúcar, al gusto.

HECHOS NUTRICIONALES

Por persona	
Calorías 43	Calorías procedentes de grasas 1
	% Valor diario
Total de grasas 0 g	0%
Grasas saturadas 0 g	0%
Grasas monoinsaturadas 0 g	0%
Grasas poliinsaturadas 0 g	0%
Colesterol 0 mg	0%
Sodio 4 mg	0%
Total carbohidratos 11 g	4%
Fibra dietética 0,1 g	2%
Azúcares 6 g	0%
Proteínas 0 g	0%

El tanto por ciento del valor diario se basa en una dieta de 2.000 calorías.

SALSA DE PAPAYA Y MANGO

6 RACIONES

≈ Pele la papaya y el mango, y quítele a la primera las pepitas. Quítele también las pepitas al jalapeño y píquelo muy fino.

≈ En un cuenco mediano, mézclelos con el resto de los ingredientes, tape la salsa y guárdela en la nevera. Sírvala fría.

½ papaya
½ mango
1 jalapeño fresco
1 cebolleta picada
1 cucharada de azúcar
1 cucharada de cilantro fresco picado
1 cucharada de pimiento rojo picado muy fino
Semillas de papaya al gusto (opcional)

HECHOS NUTRICIONALES	
Por persona	
Calorías 29	Calorías procedentes de grasas 0
	% Valor diario
Total de grasas 0 g	0%
Grasas saturadas 0 g	0%
Grasas monoinsaturadas 0 g	0%
Grasas poliinsaturadas 0 g	0%
Colesterol 0 mg	0%
Sodio 8 mg	0,3%
Total carbohidratos 7 g	2%
Fibra dietética 2 g	8%
Azúcares 5 g	0%
Proteínas 0,3 g	0%

El tanto por ciento del valor diario se basa en una dieta de 2.000 calorías.

CHUTNEY DE MANGO Y TOMATES VERDES

PARA 1,8 KG, APROXIMADAMENTE

900 g (2 lb) de mangos, pelados y partidos en cuatro trozos
675 g (1½ lb) de manzanas ácidas, peladas y partidas en trozos
1 cebolla, picada
450 g (1 lb) de tomates verdes, picados
160 g (6 oz) de pasas
Zumo de 1 limón grande
560 ml (1 pt) de agua
2 cucharadas de sal
¼ cucharadita de cayena
¼ cucharadita de nuez moscada
3 hojas de laurel
1½ cucharada de zumo de lima
900 g (2 lb) de azúcar moreno

≈ Mezcle bien todos los ingredientes, excepto el zumo de lima y el azúcar, en un cuenco grande, y déjelos reposar durante al menos 3 horas.

≈ Vierta los contenidos del cuenco en una olla y póngala a cocer a fuego lento hasta que estén blandos, removiendo con frecuencia.

≈ Añada el zumo de lima y el azúcar y remueva hasta que ésta se disuelva. Continúe cociéndolo todo a fuego lento hasta que se espese y adquiera la consistencia deseada.

≈ Viértalo en jarras calientes, tápelas y etiquételas.

HECHOS NUTRICIONALES	
Por persona	
Calorías 72	Calorías procedentes de grasas 0
	% Valor diario
Total de grasas 0 g	0%
Grasas saturadas 0 g	0%
Grasas monoinsaturadas 0 g	0%
Grasas poliinsaturadas 0 g	0%
Colesterol 0 mg	0%
Sodio 10,6 mg	0%
Total carbohidratos 19 g	0%
Fibra dietética 0,9 g	4%
Azúcares 18 g	0%
Proteínas 0,2 g	0%

El tanto por ciento del valor diario se basa en una dieta de 2.000 calorías.

GUARNICIÓN DE PAPAYA Y NARANJA

PARA 900 G, APROXIMADAMENTE

≈ Cueza en una olla las cebollas, el ajo, el vinagre de sidra y el jengibre unos 10 minutos o hasta que la cebolla empiece a ablandarse.

≈ Parta la papaya por la mitad, saque las semillas, pélela, corte la pulpa en cubitos y añádala al resto de los ingredientes.

≈ Deje la olla al fuego otros 15 minutos o hasta que la papaya esté lista sin haber perdido su forma. Quite la piel de naranja y las especias si lo desea. Quite el jengibre y la guindilla, salvo que quiera una guarnición picante. Viértalo en jarras mientras esté caliente.

2 cebollas, picadas
3 dientes de ajo pequeños, machacados
225 ml (½ pt) de vinagre de sidra
Rodajas de 4 cm (1½ in) de jengibre
2 papayas medianas (de aproximadamente 675 g)
Ralladura y zumo de 1 naranja
6 dientes de ajo
3 guindillas secas
6 granos de pimienta de Jamaica
½ cucharadita de sal
75 g (3 oz) de azúcar moreno blanda
110 g (4 oz) de pasas sin pepitas, picadas

HECHOS NUTRICIONALES

Por persona
Calorías 26 — Calorías procedentes de grasas 0

	% Valor diario
Total de grasas 0 g	0%
Grasas saturadas 0 g	0%
Grasas monoinsaturadas 0 g	0%
Grasas poliinsaturadas 0 g	0%
Colesterol 0 mg	0%
Sodio 3,8 mg	5%
Total carbohidratos 6,3 g	2%
Fibra dietética 0,7 g	3%
Azúcares 6 g	0%
Proteínas 0,2 g	0%

El tanto por ciento del valor diario se basa en una dieta de 2.000 calorías.

GUARNICIÓN DE FRESÓN Y KIWI

PARA 280 ML, APROXIMADAMENTE

También puede prepararse con yogur desnatado en lugar de mayonesa baja en contenido graso, dependiendo del plato y del gusto personal. Sírvala fría.

- Sal y pimienta negra molida
- 1 cucharadita de azúcar
- ½ cucharadita de mostaza de Dijon
- 2 cucharadas de aceite
- 1 cucharada de vinagre al estragón
- 3 cucharadas de mayonesa baja en contenido graso
- 2 cucharaditas de estragón fresco picado
- 350 g (12 oz) de fresones en rodajas
- 1 kiwi, pelado y partido en cuatro trozos

≈ En un cuenco mezcle el aderezo, el azúcar y la mostaza, y añada poco a poco, removiendo constantemente, el aceite, la mayonesa y el vinagre al estragón. A continuación, añada los fresones y el kiwi. Deje enfriar la guarnición antes de servirla.

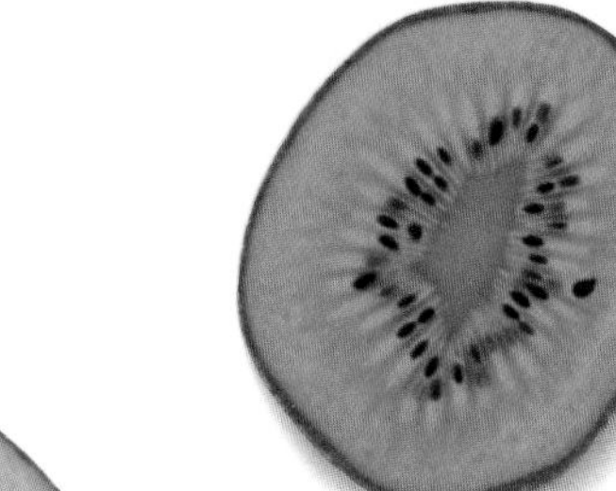

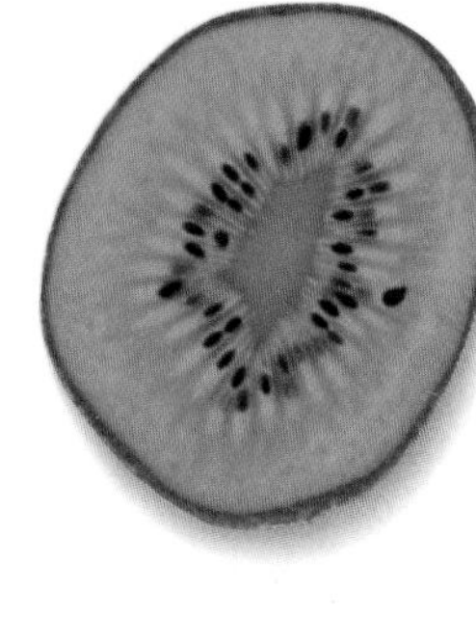

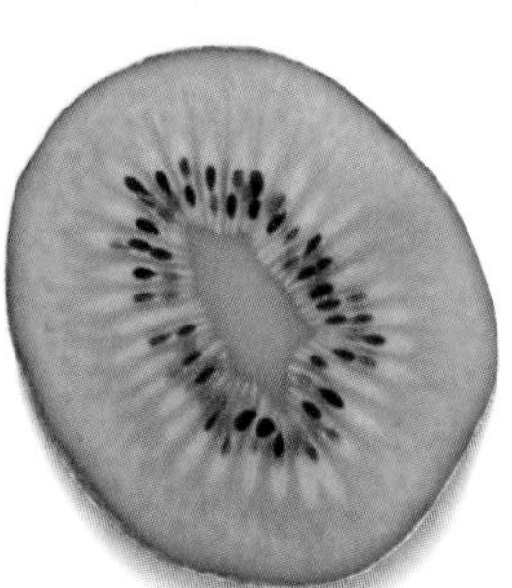

HECHOS NUTRICIONALES	
Por persona	
Calorías 29	Calorías procedentes de grasas 22
	% Valor diario
Total de grasas 2,4 g	4%
Grasas saturadas 0,1 g	0%
Grasas monoinsaturadas 0 g	0%
Grasas poliinsaturadas 0 g	0%
Colesterol 0,9 mg	0%
Sodio 43 mg	2%
Total carbohidratos 1,7 g	0%
Fibra dietética 6,2 g	1%
Azúcares 1,6 g	0%
Proteínas 0 g	0%

El tanto por ciento del valor diario se basa en una dieta de 2.000 calorías.

GUARNICIÓN DE PLÁTANO

PARA 170 ML

Recomendable para barbacoas.

- 1 cucharada de aceite de oliva
- 1 cebolla pequeña, picada fina
- 2 cucharaditas de mostaza en grano
- 1 cucharadita de azúcar
- 4 plátanos medianos, pelados
- 2 cucharaditas de vinagre de malta

≈ Caliente el aceite y sofría la cebolla hasta que se ablande sin llegar a dorarse. Añada la mostaza y el azúcar y déjelo un minuto al fuego, removiendo.

≈ Chafe los plátanos y añada el resto de los ingredientes. Déjelo al fuego otros 2 o 3 minutos para ablandar los plátanos. Sirva la guarnición a temperatura ambiente.

HECHOS NUTRICIONALES	
Por persona	
Calorías 53	Calorías procedentes de grasas 10
	% Valor diario
Total de grasas 1 g	2%
Grasas saturadas 0 g	0%
Grasas monoinsaturadas 0 g	0%
Grasas poliinsaturadas 0 g	0%
Colesterol 0 mg	0%
Sodio 11 mg	0%
Total carbohidratos 11 g	4%
Fibra dietética 0,6 g	3%
Azúcares 10 g	0%
Proteínas 0,5 g	0%

El tanto por ciento del valor diario se basa en una dieta de 2.000 calorías.

SALSA DE LIMÓN E HINOJO

PARA 300 ML

Es una salsa de sabor ácido e intenso.

3 cucharadas de aceite de oliva
1 bulbo de hinojo, picado fino
2 cucharaditas de harina
Ralladura de 1 limón
Zumo de 2 limones
150 ml (5 fl oz) de agua
1 cucharada de hojas de hinojo, picadas
1 cucharadita de azúcar
Sal y pimienta negra molida

≈ Caliente el aceite en una olla, añada el hinojo picado y remueva. Tape la olla y fríalo a fuego lento unos 5 minutos o hasta que se ablande.

≈ Añada la harina y déjelo unos 30 segundos. Añada la ralladura y el zumo de limón, junto con el agua. Al hervir, déjelo cocer unos 2 minutos. Añada las hojas de hinojo y el azúcar (si fuese necesario). Sazone la salsa al gusto.

HECHOS NUTRICIONALES	
Por persona	
Calorías 97	Calorías procedentes de grasas 61
	% Valor diario
Total de grasas 7 g	10%
Grasas saturadas 1 g	5%
Grasas monoinsaturadas 5 g	0%
Grasas poliinsaturadas 0,6 g	0%
Colesterol 0 mg	0%
Sodio 5,2 mg	0%
Total carbohidratos 8,4 g	3%
Fibra dietética 1,8 g	7%
Azúcares 2 g	0%
Proteínas 1 g	0%

El tanto por ciento del valor diario se basa en una dieta de 2.000 calorías.

SALSA DE CIRUELAS Y VINO TINTO

4 RACIONES

Sirva esta salsa con helados o tarta de queso.

225 g (1/2 lb) de ciruelas
230 ml (8 fl oz) de agua
115 g (4 oz) de azúcar
125 ml (4 fl oz) de vino tinto
2 cucharaditas de arrurruz
2 cucharaditas de agua

≈ Lave las ciruelas, córtelas por la mitad y deshuéselas. Cuézalas con el agua y el azúcar en una olla, añada el vino y déjelas cocer hasta que se ablanden. A continuación, pasarlas por la batidora hasta que se hagan puré, y vierta el puré en la olla de nuevo.

≈ Mezcle el arrurruz con dos cucharadas de agua y añádalo al puré. Cuando empiece a hervir, remueva hasta que adquiera una textura clara y espesa. Si espesase demasiado, añada un poco de agua o zumo de naranja.

HECHOS NUTRICIONALES	
Por persona	
Calorías 261	Calorías procedentes de grasas 0
	% Valor diario
Total de grasas 0 g	0%
Grasas saturadas 0 g	0%
Grasas monoinsaturadas 0 g	0%
Grasas poliinsaturadas 0 g	0%
Colesterol 0 mg	0%
Sodio 6 mg	0,3%
Total carbohidratos 64 g	21%
Fibra dietética 1 g	4%
Azúcares 61 g	0%
Proteínas 0,5 g	0%

El tanto por ciento del valor diario se basa en una dieta de 2.000 calorías.

PURÉ DE CEBOLLA

PARA 450 G

Este suave estofado de cebolla y aceite es la base de muchas salsas y platos mediterráneos. Puede prepararse con antelación y guardarse durante varios días en la nevera.

4 cucharaditas de aceite de oliva
675 g (1½ lb) de cebollas, picadas fino
Sal y pimienta
3 dientes de ajo

HECHOS NUTRICIONALES	
Por persona	
Calorías 22	Calorías procedentes de grasas 10
	% Valor diario
Total de grasas 1 g	2%
Grasas saturadas 0,1 g	0%
Grasas monoinsaturadas 0,7 g	0%
Grasas poliinsaturadas 0,1 g	0%
Colesterol 0 mg	0%
Sodio 1 mg	0%
Total carbohidratos 27 g	1%
Fibra dietética 0,1 g	0%
Azúcares 0,8 g	0%
Proteínas 0,4 g	0%

El tanto por ciento del valor diario se basa en una dieta de 2.000 calorías.

≈ Caliente el aceite en una sartén, añada las cebollas y sal, tápela y fría la cebolla a fuego muy lento durante una hora o hasta que se ablanden las cebollas hasta casi derretirse.

≈ Añada los dientes de ajo, remueva y suba un poco el fuego. Déjelo al fuego hasta que las cebollas presenten un color dorado homogéneo. Si lo desea, quite el ajo y añada sal y pimienta al gusto.

PURÉ DE PIMIENTOS ROJOS

PARA 300 ML, APROXIMADAMENTE

Aunque esté muy de moda hoy en día, este puré de pimientos rojos asados ha sido empleado en la cocina mediterránea desde hace muchos años para platos marinados y al grill.

3 pimientos rojos grandes, despepitados y cortados en cuatro trozos longitudinalmente
1 cucharadita de sal marina
2 dientes de ajo
4 cucharadas de aceite de oliva

HECHOS NUTRICIONALES	
Por persona	
Calorías 9	Calorías procedentes de grasas 7
	% Valor diario
Total de grasas 0,8 g	1%
Grasas saturadas 0,1 g	0%
Grasas monoinsaturadas 0,5 g	0%
Grasas poliinsaturadas 0 g	0%
Colesterol 0 mg	0%
Sodio 0,3 mg	0%
Total carbohidratos 0,6 g	0%
Fibra dietética 0,2 g	0%
Azúcares 0,5 g	0%
Proteínas 0,1 g	0%

El tanto por ciento del valor diario se basa en una dieta de 2.000 calorías.

≈ Sale los pimientos y déjelos reposar 24 horas destapados, a temperatura ambiente.

≈ Mientras se calienta el grill, enjuague los pimientos, escúrralos y séquelos con un paño limpio. Colóquelos en una bandeja de horno y áselos hasta que la piel esté quemada y abultada. Déjelos enfriar antes de pelarlos.

≈ Con una batidora, haga un puré con los ajos y los pimientos, agregando el aceite poco a poco.

SALSA DE GUINDILLA PIRI-PIRI

UNAS 5 CUCHARADAS

Esta salsa de guindilla aporta fuego a muchos aperitivos salados. Es más sencillo añadir unas gotas de la salsa ya preparada que despepitar y picar las guindillas en cada ocasión. Existen casi tantas versiones del piri-piri como personas que la preparan. Lo más sencillo es rellenar un tercio de una jarra o una botella con guindillas rojas pequeñas, rellenarla con aceite de oliva, taparla y dejarla en un lugar fresco al menos durante un mes, para que el aceite se impregne del fuego de la guindilla. Otras versiones, como la que se ofrece a continuación, incluyen zumo de limón o vinagre. Se pueden omitir los pimientos.

½ pimiento rojo pequeño
4-5 guindillas rojas frescas
Zumo de 1/2 limón
2 cucharaditas de aceite de oliva
Sal

≈ Quite las pepitas del pimiento y la guindilla y corte ambos en rodajas.
≈ Cueza el pimiento y la guindilla a fuego lento con el zumo de limón durante unos 15 minutos o hasta que estén tiernos.
≈ Páselos por una batidora, añadiendo aceite hasta que espese. Añada sal. Vierta la salsa en una botella o jarra pequeña, tápela y guárdela en un lugar fresco.

HECHOS NUTRICIONALES

Por persona

Calorías 24	Calorías procedentes de grasas 13
	% Valor diario
Total de grasas 1,5 g	2%
Grasas saturadas 0,2 g	1%
Grasas monoinsaturadas 1 g	0%
Grasas poliinsaturadas 0,2 g	0%
Colesterol 0 mg	0%
Sodio 2 mg	0%
Total carbohidratos 2 g	0,6%
Fibra dietética 1 g	4%
Azúcares 2 g	0%
Proteínas 0,4 g	0%

El tanto por ciento del valor diario se basa en una dieta de 2.000 calorías.

SALSA DE TOMATE

PARA 600 ML, APROXIMADAMENTE

La salsa de tomate es uno de los pilares de la cocina mediterránea. Su sabor no se debe sólo a la calidad y sabor de los tomates de esta zona, sino también a la cantidad de aceite empleada, por lo que no debe disminuirse la dosis de aceite, ya que se mezcla con el resto de los ingredientes cuando se bate o se cuece. Para obtener un sabor a tomate más intenso, añada algunos trozos de tomates deshidratados y un poco de puré de tomate deshidratado.

6 cucharadas de aceite de oliva
2 cebollas picadas
1-2 dientes de ajo, picados
2 pimientos rojos
1 guindilla roja fresca
1 kg (2½ lb) de tomates picados
Sal y pimienta

≈ Despepite los pimientos y la guindilla.
≈ Caliente el aceite y sofría la cebolla y el ajo hasta que empiecen a ablandarse. A continuación, añada los pimientos y la guindilla y fríalos durante unos minutos. Después, añada los tomates y cuézalos, removiendo de vez en cuando, hasta que adquiera la consistencia de una salsa.
≈ Con una batidora o licuadora, bata la salsa hasta obtener un puré, cuélelo para limpiarlo de semillas o trozos de piel. Añada sal y pimienta al gusto y vuelva a calentar la salsa si fuese necesario.

HECHOS NUTRICIONALES

Por persona

Calorías 46	Calorías procedentes de grasas 32
	% Valor diario
Total de grasas 3,5 g	6%
Grasas saturadas 0,5 g	3%
Grasas monoinsaturadas 2,5 g	0%
Grasas poliinsaturadas 0,4 g	0%
Colesterol 0 mg	0%
Sodio 6,5 mg	0%
Total carbohidratos 3 g	1%
Fibra dietética 1 g	5%
Azúcares 3 g	0%
Proteínas 0,6 g	0%

El tanto por ciento del valor diario se basa en una dieta de 2.000 calorías.

GUARNICIÓN DE CIRUELA Y CALABAZA

PARA 2,5 KG, APROXIMADAMENTE

Esta guarnición agridulce es ideal para servir con queso. La calabaza y la cebolla deben estar ligeramente crujientes.

900 g (2 lb) de calabaza
450 g (1 lb) de cebolla en rodajas
300 ml (½ pt) de vinagre de sidra
6 dientes de ajo, machacados
900 g (2 lb) de ciruelas, partidas a la mitad y sin hueso
3 hojas de laurel
15 g (½ oz) de sal
1 cucharada de semillas de mostaza
Mostaza

≈ Separe la carne de la calabaza de la piel y córtela en dados. Mézclela en una olla grande con las cebollas, el ajo y el vinagre de sidra. Cuézalo todo a fuego lento hasta que se ablande un poco la calabaza sin dejar de estar crujiente (unos 20 minutos).

≈ Añada las ciruelas y las hojas de laurel. Cuézalo otros 10-15 minutos hasta que las ciruelas empiecen a deshacerse.

≈ Retire el laurel y añada el resto de los ingredientes. Viértalo en una fuente, tápela y deje macerar la salsa durante una semana para que se liberen los sabores y se hinchen las semillas de mostaza. Remueva de vez en cuando. Finalmente, guarde la salsa en tarros.

HECHOS NUTRICIONALES

Por persona
Calorías 15 — Calorías procedentes de grasas 0

	% Valor diario
Total de grasas 0 g	0%
Grasas saturadas 0 g	0%
Grasas monoinsaturadas 0 g	0%
Grasas poliinsaturadas 0 g	0%
Colesterol 0 mg	0%
Sodio 1,6 mg	0%
Total carbohidratos 3,3 g	1%
Fibra dietética 0,7 g	3%
Azúcares 3 g	0%
Proteínas 0,3 g	0%

El tanto por ciento del valor diario se basa en una dieta de 2.000 calorías.

Platos principales

Verduras rellenas asadas

Calabacines rellenos asados

Coliflor asada con tomates y queso feta

Lentejas con zanahoria, cebolla y ajo

Hojas de parra rellenas *(dolmades)*

Pimientos rellenos

Quimbombó picante con mango

Tomates picantes rellenos

Escalivada

Hojas de repollo rellenas de pasta

Ragú de berenjena

Verduras variadas asadas

Estofado de berenjena, patata y tomate

Judías verdes a la provenzal con pasta

Fusilli con tomates deshidratados

Estofado de judías, alcachofas y champiñones

Espaguetis con tomate

Tallarines a la napolitana

Paella de pasta

Calabaza rellena

VERDURAS RELLENAS ASADAS

4 RACIONES

Esta receta es originaria de la isla de Creta, donde es habitual utilizar arroz para los rellenos. La adición de pasas, piñones o almendras la convierte en una auténtica receta cretense.

- 8-10 piezas de verdura maduras, incluyendo tomates, pimientos, calabacines y berenjena
- 6 cucharadas de aceite de oliva
- 6 cebolletas, picadas fino
- 225 g (8 oz) de arroz de grano largo
- 2 dientes de ajo, machacados
- 1 cucharadita de canela molida
- 85 g (3 oz) de pasas
- 55 g (2 oz) de piñones tostados
- Sal y pimienta negra molida al gusto
- 4 cucharadas de perejil fresco picado
- 3 cucharadas de menta fresca picada

≈ Para preparar las verduras, seccione las partes de arriba de los tomates, pimientos, calabacines y berenjenas, y guárdelas porque servirán como tapas para las verduras una vez rellenas. Quite las semillas y la pulpa de los tomates y échelo en un cuenco. Repita la misma operación con las berenjenas, los calabacines y los pimientos. Deseche las semillas amargas de la berenjena y las de los pimientos.

≈ Caliente dos cucharadas de aceite de oliva en una sartén grande y sofría las cebollas durante unos 3 minutos. A continuación, añada el arroz, el ajo, la canela, las pasas, los piñones y las semillas, y pulpa de las verduras. Añada el agua suficiente como para cubrir el arroz y cuézalo a fuego lento durante 7-10 minutos o hasta que el arroz esté tierno y la mayor parte del líquido se haya absorbido.

≈ Sazone el relleno y retírelo del fuego. Precaliente el horno a 180 °C (350 °F) o en la posición 4. Rellene las verduras con el relleno de arroz y tápelas con sus partes superiores. Colóquelas en una bandeja de horno y cubra la base con agua.

≈ Rocíe el resto de aceite de oliva sobre las verduras y hornéelas durante 50-60 minutos o hasta que estén tiernas, regándolas con su jugo varias veces durante la cocción, pero con cuidado de no desmontarlas. Están deliciosas frías o calientes, como prefiera.

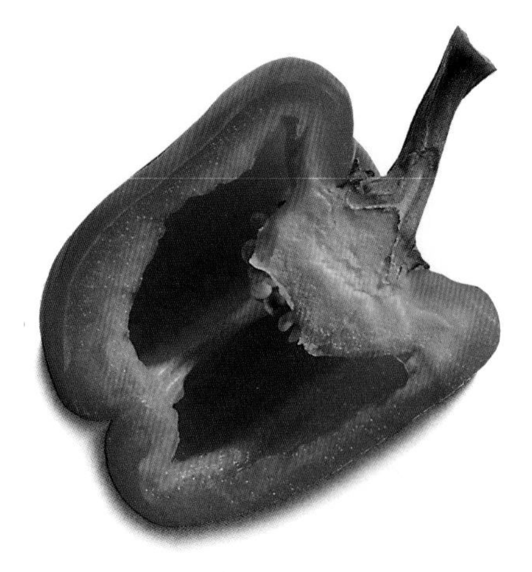

HECHOS NUTRICIONALES

Por persona
Calorías 547 — Calorías procedentes de grasas 234

	% Valor diario
Total de grasas 26 g	40%
Grasas saturadas 3 g	30%
Grasas monoinsaturadas 14 g	0%
Grasas poliinsaturadas 7 g	0%
Colesterol 0 mg	0%
Sodio 30 mg	1%
Total carbohidratos 74 g	25%
Fibra dietética 7 g	28%
Azúcares 19 g	0%
Proteínas 9 g	0%

El tanto por ciento del valor diario se basa en una dieta de 2.000 calorías.

CALABACINES RELLENOS ASADOS

4 RACIONES

Una deliciosa combinación de calabacines tiernos y cilantro fresco mezclado con salsa de soja dulce. La salsa y el relleno pueden prepararse con un día de antelación y recalentarse mientras se asan los calabacines.

110 g (¼ lb) de fideos finos (*vermicelli*) partidos en trozos pequeños
1 chorro de aceite de oliva
4 calabacines medianos
Nueces picadas finas para decorar

Relleno

150 ml (5 fl oz) de salsa de soja
1 diente de ajo, machacado
50 g (2 oz) de champiñones, en trozos muy pequeños
3 cucharadas de cilantro fresco
50 g (2 oz) de nueces sin cáscara, picadas muy fino
Sal y pimienta negra molida

Salsa

4 cucharadas de aceite de oliva
2 dientes de ajo, machacados
4 cucharadas de cilantro fresco picado
Sal y pimienta negra molida
3 cucharadas de caldo vegetal

≈ En una olla de agua hirviendo, cueza los *vermicelli* con un chorro de aceite de oliva durante unos 5 minutos. Remueva de vez en cuando y escúrralos.

≈ Seccione una lámina longitudinal de cada calabacín y pique las láminas en trozos pequeños. Con una cucharilla, saque la pulpa del centro del calabacín y trocéela. Coloque los calabacines huecos en una fuente de horno poco profunda y precaliente el horno a 200 °C (400 °F) o en la posición 6.

≈ Para preparar el relleno, caliente la salsa de soja dulce y el ajo en una sartén grande y fríalos a fuego lento un minuto. A continuación, añada los champiñones y déjelos 5 minutos, removiendo de vez en cuando y, después, añada el cilantro y déjelo otros 2 o 3 minutos. Finalmente, añada las nueces, la sal y la pimienta al gusto. Déjelo hacerse a fuego lento otro par de minutos y mezcle los *vermicelli* cocidos.

≈ Retire el relleno del fuego y, con ayuda de una cucharilla, rellene los calabacines y distribuya el resto de relleno por la fuente alrededor de ellos. Tape la fuente con papel de aluminio y hornee los calabacines unos 25-30 minutos.

≈ Mientras tanto, para hacer la salsa, mezcle todos los ingredientes en una licuadora o bátalos con la batidora hasta obtener un puré fino.

≈ Caliente la salsa en un cazo. Saque los calabacines del horno y sírvalos con la salsa y adornados con las nueces.

HECHOS NUTRICIONALES

Por persona
Calorías 322 — Calorías procedentes de grasas 190

	% Valor diario
Total de grasas 21 g	32%
Grasas saturadas 3 g	15%
Grasas monoinsaturadas 10 g	0%
Grasas poliinsaturadas 7 g	0%
Colesterol 0 mg	0%
Sodio 5 mg	0%
Total carbohidratos 24 g	8%
Fibra dietética 3,5 g	14%
Azúcares 3 g	0%
Proteínas 9 g	0%

El tanto por ciento del valor diario se basa en una dieta de 2.000 calorías.

COLIFLOR ASADA CON TOMATES Y QUESO FETA

4 RACIONES

Este plato debe su vitalidad al sabor fuerte del tomate, unido al uso típicamente griego de canela molida.

6 cucharadas de aceite de oliva
1 cebolla en rodajas
2 dientes de ajo, machacados
8 tomates, pelados y picados
Una pizca de canela molida
2 cucharaditas de orégano
Sal y pimienta negra molida al gusto
1 coliflor en cogollos
1 cucharada de zumo de limón recién exprimido
80 g (3 oz) de queso feta rallado

≈ Caliente en una cacerola 2 o 3 cucharadas de aceite de oliva y saltee la cebolla y el ajo unos 3 o 4 minutos o hasta que se ablande la cebolla.

≈ Añada los tomates picados, la canela, el orégano, la sal y la pimienta. Remuévalo y déjelo cocer a fuego lento 5 minutos.

≈ Precaliente el horno a 190 °C (375 °F) o en la posición 5; añada la coliflor a la salsa de tomate, tápela y cuézala a fuego lento 10 o 15 minutos más o hasta que la coliflor esté tierna y, entonces, retírela del fuego.

≈ Vierta la salsa de tomate con la coliflor en una fuente poco profunda y rocíela con el aceite restante. Rocíela también con el zumo de limón y espolvoree con el queso feta rallado. Hornee durante 40-45 minutos o hasta que la coliflor esté tierna y el queso se haya fundido. Sirva el plato caliente.

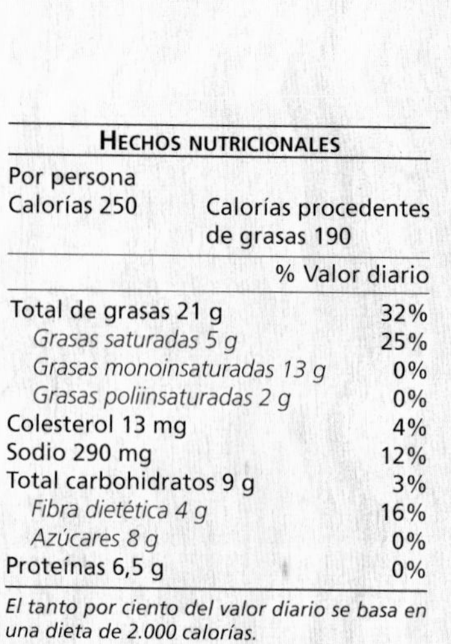

HECHOS NUTRICIONALES	
Por persona	
Calorías 250	Calorías procedentes de grasas 190
	% Valor diario
Total de grasas 21 g	32%
Grasas saturadas 5 g	25%
Grasas monoinsaturadas 13 g	0%
Grasas poliinsaturadas 2 g	0%
Colesterol 13 mg	4%
Sodio 290 mg	12%
Total carbohidratos 9 g	3%
Fibra dietética 4 g	16%
Azúcares 8 g	0%
Proteínas 6,5 g	0%

El tanto por ciento del valor diario se basa en una dieta de 2.000 calorías.

LENTEJAS CON ZANAHORIA, CEBOLLA Y AJO

6 RACIONES

Se recomienda utilizar lentejas castellanas para este plato, porque es muy difícil que se deshagan. Si utiliza lentejas rojas, cuézalas con cuidado y retírelas del fuego mientras estén todavía firmes.

450 g (1 lb) de lentejas castellanas
4 cucharadas de aceite de oliva
1 cebolla grande
2 dientes de ajo
1 zanahoria mediana
3 cucharadas de harina
1 pizca de tomillo, perejil y salvia
Sal y pimienta al gusto

≈ Lave bien las lentejas con agua fría y luego cuézalas hasta que estén blandas y déjelas en la olla hasta que se utilicen.
≈ Mientras se hacen las lentejas, pique la cebolla, machaque el ajo y lamine la zanahoria.
≈ En otra olla, caliente aceite a fuego medio y fría la cebolla, el ajo y la zanahoria, y cuando la cebolla empiece a dorarse, añada la harina y déjelo al fuego hasta que se dore por completo.
≈ Saque las lentejas del caldo y añádalas al sofrito poco a poco y hasta que se consiga una consistencia cremosa. Sazónelo al gusto con las hierbas aromáticas, sal y pimienta, y sírvalo.

HECHOS NUTRICIONALES

Por persona
Calorías 335 — Calorías procedentes de grasas 80

	% Valor diario
Total de grasas 9 g	14%
Grasas saturadas 1 g	5%
Grasas monoinsaturadas 6 g	0%
Grasas poliinsaturadas 1 g	0%
Colesterol 0 mg	0%
Sodio 14 mg	0,6%
Total carbohidratos 47 g	16%
Fibra dietética 11 g	44%
Azúcares 3 g	0%
Proteínas 20 g	0%

El tanto por ciento del valor diario se basa en una dieta de 2.000 calorías.

HOJAS DE PARRA RELLENAS (*DOLMADES*)

10 RACIONES

Utilice hojas de parra frescas si las encuentra. Escoja hojas jóvenes, tiernas y de buen tamaño, y lávelas y escúrralas bien. Corte los tallos con unas tijeras.

30 hojas de parra en salmuera, bien aclaradas
50 ml (2 fl oz) de aceite de oliva
1 cebolla grande picada muy fino
125 g (5 oz) de arroz de grano largo
2 dientes de ajo, machacados
50 g (2 oz) de pasas sin pepitas
1 cucharadita de comino molido
600 ml (1 pt) más 3 cucharadas de agua
4 cucharadas de eneldo fresco picado
2 cucharadas de menta fresca picada
Sal y pimienta negra molida al gusto
1 huevo, batido
Zumo de 1 limón

≈ Cueza las hojas de parra en una olla grande de agua hirviendo durante 3-5 minutos o hasta que estén blandas. Escúrralas bien.

≈ Caliente el aceite en una sartén grande y sofría la cebolla durante 3-5 minutos o hasta que esté blanda. Añada el arroz y déjelo al fuego otros 3-5 minutos o hasta que empiece a tostarse, removiendo constantemente con una cuchara de madera.

≈ Añada el ajo, los piñones, las pasas, el comino y 300 ml de agua. Tape la sartén y déjelo cocer durante unos 10 minutos o hasta que el arroz haya absorbido toda el agua y esté tierno. Entonces, retírelo del fuego y déjelo a un lado para que se enfríe.

≈ Añada las especias al arroz y aderécelo con sal y pimienta negra molida. Añada una cucharada de aceite de oliva y el huevo batido.

≈ Rocíe una olla grande con tres cucharadas de agua y forre la base con tres o cuatro hojas de parra (para esto pueden utilizarse hojas rotas o con alguna otra imperfección). Para rellenar el resto de las hojas, eche una cucharilla de relleno en el centro de cada una de ellas y enróllelas cubriendo por completo el relleno.

≈ Coloque las hojas con relleno en la olla boca abajo y vaya haciendo capas ordenadamente. Rocíelas con el zumo de limón y 300 ml de agua y asegúrese de que no se muevan cubriéndolas con un plato. Tape la olla y cuézalas a fuego lento unas 2 horas o hasta que estén tiernas y el arroz completamente hecho.

≈ Sírvalas calientes o frías.

HECHOS NUTRICIONALES	
Por persona	
Calorías 129	Calorías procedentes de grasas 63
	% Valor diario
Total de grasas 7 g	11%
Grasas saturadas 1 g	5%
Grasas monoinsaturadas 4 g	0%
Grasas poliinsaturadas 1,5 g	0%
Colesterol 24 mg	8%
Sodio 345 mg	14%
Total carbohidratos 15 g	5%
Fibra dietética 0,5 g	2%
Azúcares 3,5 g	0%
Proteínas 3 g	0%

El tanto por ciento del valor diario se basa en una dieta de 2.000 calorías.

PIMIENTOS RELLENOS

4 RACIONES

La pasta es una alternativa refrescante al arroz para rellenar los pimientos. Es una buena idea utilizar pasta con forma pequeña y servir con una ensalada verde crujiente.

225 g (½ lb) de pasta pequeña (por ejemplo *gnocchi*)
1 chorro de aceite de oliva
4 pimientos para rellenar
1 manojo de perejil para decorar

Relleno

50 ml (2 fl oz) de aceite de oliva
6 cebolletas, picadas fino
2 dientes de ajo, machacados
1 pimiento, despepitado y en dados pequeños
Sal y pimienta negra molida
80 g (3 oz) de queso parmesano rallado

≈ Cueza la pasta en una olla de agua hirviendo con un chorro de aceite de oliva durante unos 10 minutos y escúrrala.

≈ Precaliente el horno a 200 °C (400 °F) o en la posición 6. Coloque los pimientos tumbados y seccione las partes de arriba (guárdelas para utilizarlas como tapas). Quite el corazón y las semillas y coloque los pimientos en una fuente de horno poco profunda.

≈ Para preparar el relleno, caliente el aceite de oliva y saltee las cebolletas y el ajo un par de minutos. A continuación, añada los dados de pimientos y déjelos otros 5 minutos, removiendo de vez en cuando.

≈ Añada la pasta y el queso parmesano al relleno y deje que se caliente bien durante un par de minutos. Con la ayuda de una cuchara, rellene los pimientos y distribuya el relleno sobrante alrededor de ellos.

≈ Tape cada pimiento con su tapa y áselos en el horno durante unos 30 minutos o hasta que se ablanden. Justo antes de servir, póngalos al grill 2 o 3 minutos para chamuscar la piel, si lo desea. Decórelos con perejil.

HECHOS NUTRICIONALES	
Por persona	
Calorías 436	Calorías procedentes de grasas 170
	% Valor diario
Total de grasas 19 g	29%
Grasas saturadas 8 g	40%
Grasas monoinsaturadas 8 g	0%
Grasas poliinsaturadas 2 g	0%
Colesterol 31 mg	10%
Sodio 35 mg	15%
Total carbohidratos 49 g	16%
Fibra dietética 8 g	32%
Azúcares 7 g	0%
Proteínas 21 g	0%

El tanto por ciento del valor diario se basa en una dieta de 2.000 calorías.

QUIMBOMBÓ PICANTE CON MANGO

4 RACIONES

Sírvalo con abundante pasta fresca, por ejemplo con rigatoni, *o con pasta seca que engorde un poco al cocerse.*

- 225 g (8 oz) de quimbombó poco maduro
- 4 cucharaditas de cilantro molido
- 1 mango no muy maduro
- 3 cucharadas de aceite de oliva
- 1 cebolla grande picada
- 1 pimiento rojo grande, despepitado, partido en dos mitades longitudinalmente y en rodajas
- 2 dientes de ajo, machacados
- 2 guindillas verdes, sin pepitas y picadas
- 4 cucharaditas de orégano fresco
- Sal y pimienta negra molida
- 1 lima, cortada en cuñas, para servir

≈ El quimbombó debe ser pequeño, poco maduro, brillante y no estar machacado por ningún sitio. Un quimbombó maduro o fibroso no quedará bien al cocinarlo. Pele los extremos de la vaina y el tallo, lamínelo, añada el cilantro y mézclelo bien.

≈ El mango debe estar maduro, pero no en exceso (si está demasiado blando o dulce no quedará bien con el quimbombó). Pele el mango, córtelo en rodajas partiendo del hueso central. Corte las rodajas en trozos pequeños.

≈ Caliente el aceite. Fría la cebolla, el pimiento, el ajo y las guindillas con el orégano, removiendo un poco, durante unos 10 minutos. Añada el quimbombó y déjelo hacerse a fuego más bien fuerte unos 3-5 minutos o hasta que las rodajas de quimbombó empiecen a tostarse manteniéndose tiernas. Añada el mango, compruebe el aderezo y sírvalo. Mezcle la salsa de quimbombó con la pasta y decore los bordes del plato con las cuñas de lima, para que cada cual rocíe la pasta a su gusto.

HECHOS NUTRICIONALES	
Por persona	
Calorías 135	Calorías procedentes de grasas 80
	% Valor diario
Total de grasas 9 g	14%
Grasas saturadas 1 g	5%
Grasas monoinsaturadas 6 g	0%
Grasas poliinsaturadas 1 g	0%
Colesterol 0 mg	0%
Sodio 17 mg	0,7%
Total carbohidratos 11 g	4%
Fibra dietética 1,5 g	6%
Azúcares 8 g	0%
Proteínas 3 g	0%

El tanto por ciento del valor diario se basa en una dieta de 2.000 calorías.

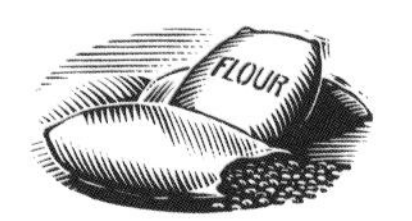

TOMATES PICANTES RELLENOS

4 RACIONES

Para rellenarlos utilice tomates grandes. Puede servirse como plato único, acompañamiento o aperitivo. Para evitar que los tomates rueden en el plato, seccione la base de cada uno de ellos.

50 g (2 oz) de pasta pequeña (cualquier forma)
1 chorro de aceite de oliva
4 tomates grandes

Relleno

2 patatas medianas, peladas y en dados
4 cucharadas de aceite de oliva
2 dientes de ajo, machacados
1 cebolla, picada fino
2 cucharaditas de curry en polvo suave
Una pizca de comino molido
1 cucharada de puré de tomate
4 cucharadas de cilantro fresco picado
Sal y pimienta negra molida

≈ Cueza la pasta en una olla de agua hirviendo con un chorro de aceite de oliva, removiendo de vez en cuando, durante unos 8 minutos, y escúrrala.

≈ Seccione la parte de arriba de los tomates. Con una cucharilla extraiga la pulpa y déjela aparte. Coloque los tomates huecos en una fuente de horno engrasada.

≈ Para preparar el relleno, cueza las patatas en agua hirviendo unos 10 minutos o hasta que estén tiernas y escúrralas. Caliente el aceite de oliva en una sartén grande y saltee el ajo y la cebolla unos 3 minutos o hasta que estén blandos.

≈ Añada el curry en polvo, el comino y el puré de tomate y déjelo otros 2 minutos. A continuación, añada poco a poco la pasta y la patata. Sazónelo con cilantro picado, sal y pimienta negra molida, y déjelo otros 2 o 3 minutos, removiendo de vez en cuando. Retírelo del fuego.

≈ Precaliente el horno a 200 °C (400 °F) o en la posición 6. Rellene los tomates y distribuya el relleno sobrante por la fuente. Tape los tomates con sus tapas y áselos unos 20 minutos, o hasta que estén calientes por todas partes.

HECHOS NUTRICIONALES

Por persona
Calorías 260 — Calorías procedentes de grasas 117

	% Valor diario
Total de grasas 13 g	20%
Grasas saturadas 2 g	10%
Grasas monoinsaturadas 9 g	0%
Grasas poliinsaturadas 1,5 g	0%
Colesterol 0 mg	0%
Sodio 40 mg	2%
Total carbohidratos 32 g	11%
Fibra dietética 5 g	20%
Azúcares 7 g	0%
Proteínas 5 g	0%

El tanto por ciento del valor diario se basa en una dieta de 2.000 calorías.

ESCALIVADA

4 RACIONES

Una forma tradicional de ensalada con verduras asadas. Pueden asarse en la barbacoa en verano, aliñarse y servirse frías. Es un plato típico de Cataluña y recibe el nombre de escalivada. *En esta receta, se asan las verduras y se obtiene un plato único nutritivo.*

3 berenjenas pequeñas
3 pimientos verdes
4 cebollas medianas sin la capa más oscura
4 tomates grandes
10 cebolletas sin los extremos
150 ml (5 fl oz) de aceite de oliva
3 dientes de ajo aplastados
Zumo de 1 limón
Sal y pimienta negra molida
3 cucharadas de perejil fresco picado

≈ Precaliente el horno a 200 °C (400 °F) o en la posición 6. Coloque las berenjenas, pimientos, cebollas, tomates, ajo y cebolletas, rociado todo con el aceite en una o dos fuentes de horno. Una fuente grande necesitará además 125 ml de agua para evitar que se pegue.

≈ Áselos durante 25 minutos y, a continuación, retire los tomates (si utiliza dos fuentes es posible que ahora pueda unir el resto de las verduras en una). Tras 15 minutos más en el horno, retire también los pimientos y aplaste un poco el resto de las verduras para ver si ya están hechas. Si pone los pimientos en una bolsa de plástico, será más fácil pelarlos luego.

≈ La berenjena tardará todavía otros 15 minutos aproximadamente y las cebollas 15 minutos más como mínimo. Guarde el jugo de las verduras en una taza y deseche los dientes de ajo.

≈ Pele los tomates sin que se partan, colóquelos en el centro de una fuente de servir y hágales dos cortes en forma de estrella. Pele el resto de las verduras y córtelas en tiras longitudinales (guarde todo el jugo). Coloque todas las verduras en la fuente en torno a los tomates. Las berenjenas deben colocarse de forma que las semillas sean visibles.

≈ Rocíe las verduras con zumo de limón, sal y pimienta. Finalmente, rocíe el centro de los tomates y la ensalada entera con los jugos de las verduras. Espolvoree la ensalada con perejil y sírvala fría.

HECHOS NUTRICIONALES

Por persona
Calorías 445 — Calorías procedentes de grasas 360

	% Valor diario
Total de grasas 40 g	61%
Grasas saturadas 6 g	30%
Grasas monoinsaturadas 28 g	0%
Grasas poliinsaturadas 4 g	0%
Colesterol 0 mg	0%
Sodio 22 mg	1%
Total carbohidratos 17 g	6%
Fibra dietética 11 g	44%
Azúcares 15 g	0%
Proteínas 5 g	0%

El tanto por ciento del valor diario se basa en una dieta de 2.000 calorías.

HOJAS DE REPOLLO RELLENAS DE PASTA

4 RACIONES

Es un plato fácil de preparar con el que impresionará a sus invitados con seguridad. Puede preparase con un día de antelación y guardarse en la nevera. Recaliéntelo en el horno antes de servirlo unos 15 o 20 minutos.

50 g de pasta pequeña (por ejemplo *gnocchetti sardi*)
1 chorro de aceite de oliva
8 hojas grandes de repollo rizado, sin pencas

Relleno

2 cucharadas de aceite de oliva
2 dientes de ajo, machacados
2 zanahorias peladas y ralladas
2 calabacines, rallados
4 tomates, pelados, despepitados y picados
50 g (2 oz) de nueces picadas
Sal y pimienta negra molida

Salsa

400 g (14 oz) de tomates picados de lata
4 cucharadas de vino tinto seco
150 ml (5 fl oz) de caldo vegetal
1 cucharada de orégano
1 cebolla picada fina
Sal y pimienta negra molida

≈ Cueza la pasta en una olla grande de agua hirviendo con un chorro de aceite de oliva, removiendo de vez en cuando, durante unos 10 minutos, y escúrrala.

≈ Escalde las hojas de repollo e inmediatamente después sumérjalas en agua fría, escúrralas y séquelas con papel de cocina.

≈ Para preparar el relleno, caliente el aceite de oliva en una sartén grande y saltee el ajo durante un minuto aproximadamente. Añada las zanahorias y calabacines rallados y fríalos unos 3 o 4 minutos o hasta que estén tiernos, removiendo de vez en cuando.

≈ Añada los tomates picados, las nueces y la pasta. Sazónelo con sal y pimienta negra recién molida. Déjelo al fuego otros 5 minutos, removiendo de vez en cuando y, a continuación, déjelo enfriar.

≈ Para preparar la salsa, mezcle todos los ingredientes en una olla y cuézalos a fuego lento unos 20 o 30 minutos, removiendo de vez en cuando hasta que la salsa espese. Déjela enfriar un poco y a continuación bátala en una licuadora o con la batidora hasta obtener un puré fino.

≈ Precaliente el horno a 200 °C (400 °F) o en la posición 6.

≈ Para montar las hojas de repollo, coloque las hojas escaldadas sobre una tabla de cocina con la parte cóncava hacia arriba y divida el relleno entre ellas, colocándolo en la parte central de cada hoja. Doble los bordes de las hojas recubriendo todo el relleno.

≈ Coloque las hojas rellenas en una fuente poco profunda y vierta la salsa por los bordes. Cúbrala con papel de aluminio y métalas en el horno durante unos 20 minutos o hasta que estén calientes por todas partes. Sirva el plato inmediatamente, con más salsa servida aparte.

HECHOS NUTRICIONALES

Por persona
Calorías 266 — Calorías procedentes de grasas 145

	% Valor diario
Total de grasas 16 g	25%
Grasas saturadas 2 g	10%
Grasas monoinsaturadas 6 g	0%
Grasas poliinsaturadas 6,5 g	0%
Colesterol 0 mg	0%
Sodio 64 mg	3%
Total carbohidratos 23 g	8%
Fibra dietética 8 g	32%
Azúcares 13 g	0%
Proteínas 7 g	0%

El tanto por ciento del valor diario se basa en una dieta de 2.000 calorías.

RAGÚ DE BERENJENA

4 RACIONES

Este sabroso plato debe servirse con bastante pan, queso feta y un vino tinto con cuerpo.

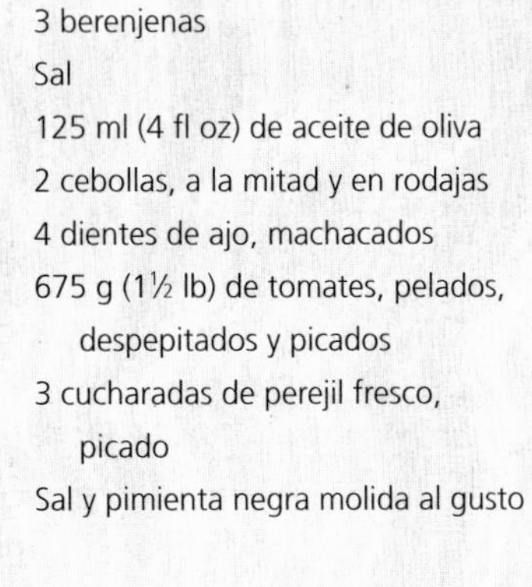

3 berenjenas
Sal
125 ml (4 fl oz) de aceite de oliva
2 cebollas, a la mitad y en rodajas
4 dientes de ajo, machacados
675 g (1½ lb) de tomates, pelados, despepitados y picados
3 cucharadas de perejil fresco, picado
Sal y pimienta negra molida al gusto

HECHOS NUTRICIONALES	
Por persona	
Calorías 302	Calorías procedentes de grasas 250
	% Valor diario
Total de grasas 28 g	43%
Grasas saturadas 4 g	20%
Grasas monoinsaturadas 20 g	0%
Grasas poliinsaturadas 3 g	0%
Colesterol 0 mg	0%
Sodio 18 mg	0,75%
Total carbohidratos 10 g	3%
Fibra dietética 6 g	24%
Azúcares 9 g	0%
Proteínas 3 g	0%

El tanto por ciento del valor diario se basa en una dieta de 2.000 calorías.

≈ En un colador sale trozos grandes de berenjena y déjela reposar entre 30 y 45 minutos. Después, aclare la berenjena con agua fría y escúrrala bien.

≈ Calentar aceite en una olla grande y freír la cebolla entre 3 y 5 minutos o hasta que esté blanda. Añada la berenjena y remueva para que se empape.

≈ Añada el ajo, los tomates y el perejil, y sazónelo con sal y pimienta negra molida. Añada un poco de agua si la salsa se reseca; tápela y cuézala a fuego lento entre 50 y 55 minutos o hasta que la berenjena esté blanda y la salsa espesa. Sírvala caliente o fría.

VERDURAS VARIADAS ASADAS

6 RACIONES

Este plato ligero y fácil de preparar es uno de los favoritos en Grecia tanto en primavera como en verano.

6 cucharadas de aceite de oliva
3 cebollas, en rodajas
675 g (1½ lb) de patatas pequeñas, peladas y cortadas a la mitad o en rodajas gruesas
675 g (1½ lb) de calabacines, troceados
8 tomates maduros, pelados y picados fino
2 pimientos, despepitados y cortados en anillos
4 dientes de ajo, picados fino
1 cucharadita de orégano
4 cucharadas de perejil fresco picado
2 cucharadas de eneldo fresco picado
Sal y pimienta negra molida al gusto
125 ml (4 fl oz) de agua

≈ Precaliente el horno a 180 °C (350 °F) o en la posición 4. En una sartén, con dos cucharadas de aceite de oliva, saltee las cebollas entre 3 y 5 minutos o hasta que estén blandas sin dorarse, y a continuación retírelas del fuego.

≈ Mezcle las cebollas con las patatas, calabacines, tomates, pimientos, ajo, especias, sal y pimienta, en una fuente para asar. Añada agua y cuézalo al horno entre una y media y dos horas o hasta que las verduras estén tiernas y completamente cocidas. Remueva las verduras de vez en cuando para que se hagan homogéneamente. Puede servir este plato frío o caliente.

HECHOS NUTRICIONALES	
Por persona	
Calorías 239	Calorías procedentes de grasas 108
	% Valor diario
Total de grasas 12 g	18%
Grasas saturadas 2 g	10%
Grasas monoinsaturadas 8 g	0%
Grasas poliinsaturadas 2 g	0%
Colesterol 0 mg	0%
Sodio 27 mg	1%
Total carbohidratos 28 g	9%
Fibra dietética 7 g	28%
Azúcares 10 g	0%
Proteínas 6 g	0%

El tanto por ciento del valor diario se basa en una dieta de 2.000 calorías.

ESTOFADO DE BERENJENA, PATATA Y TOMATE

6 RACIONES

En el Mediterráneo, los platos con berenjena datan de la época musulmana. En este caso, la receta debió modernizarse con la introducción de tomates, pimientos y patatas, tras el descubrimiento de América. Es típico de las sopas sólidas y platos vegetales que se preparan en una cazuela de barro que recibe el nombre de greixonera.

- 2 berenjenas
- Sal y pimienta negra molida
- 9 patatas pequeñas, peladas y en rodajas
- 2 cebollas grandes, picadas
- 100 ml (4 fl oz) de aceite de oliva
- 2 dientes de ajo, picados fino
- 2 pimientos verdes, despepitados y en rodajas
- 1 pimiento rojo, despepitado y en rodajas
- 4 cucharadas de perejil picado
- 3 latas de tomate de 400 g (14 oz)
- 2 cucharaditas de pimentón
- 60 ml (2 fl oz) de vinagre

≈ Corte las berenjenas en rodajas muy finas, colóquelas en una tabla de cocina y espolvoréelas con sal. Déjelas sudar 30 o 40 minutos y séquelas con papel de cocina. Prepare las patatas y cuézalas en agua hirviendo salada unos 15 minutos. Sofría la cebolla con dos cucharadas de aceite de oliva y, a continuación, añada el ajo.

≈ Engrase con aceite una fuente de barro (de 30 × 7 cm, aproximadamente). Coloque las verduras en capas, empezando con un tercio de las rodajas de patatas, encima coloque las rodajas de las berenjenas, a continuación los pimientos, las cebollas y el ajo. Y, finalmente, el perejil. Añada una lata de tomate y su jugo, presionando los tomates con los dedos para extraerlo. Aderece con sal, pimienta y pimentón. Continúe poniendo capas hasta que utilice todos los ingredientes. Rocíe con vinagre y una cucharada o una cucharada y media de aceite de oliva.

≈ Tape la fuente con papel de aluminio e introdúzcalo en el horno precalentado a 200 °C (400 °F) o en la posición 6 durante una hora. Después, quite el papel de aluminio y baje la temperatura a 170 °C (325 °F) o en la posición 3 y déjelo entre 30 minutos y una hora. Puede servirse frío o caliente y también puede recalentarse.

HECHOS NUTRICIONALES

Por persona

Calorías 267	Calorías procedentes de grasas 170
	% Valor diario
Total de grasas 19 g	29%
Grasas saturadas 3 g	15%
Grasas monoinsaturadas 13 g	0%
Grasas poliinsaturadas 2 g	0%
Colesterol 0 mg	0%
Sodio 90 mg	3%
Total carbohidratos 20,5 g	7%
Fibra dietética 6,5 g	26%
Azúcares 12 g	0%
Proteínas 4,5 g	0%

El tanto por ciento del valor diario se basa en una dieta de 2.000 calorías.

JUDÍAS VERDES A LA PROVENZAL CON PASTA

4 RACIONES

Es un modo delicioso de preparar las judías verdes, muy calientes y espolvoreadas con queso parmesano.

3 cucharadas de aceite de oliva
3 dientes de ajo, machacado
1 cebolla, picada
3 cucharadas de tomillo fresco, picado
450 g (1 lb) de judías verdes
400 g (14 oz) de tomates en lata picados
2 cucharadas colmadas de puré de tomate
450 ml (16 fl oz) de caldo vegetal
150 ml (5 fl oz) de vino tinto
Sal y pimienta negra molida
450 g (1 lb) de pasta (cualquier tipo)
Queso parmesano rallado

≈ Caliente dos cucharadas de aceite en una cacerola grande y saltee el ajo y la cebolla unos 3 minutos hasta que se ablanden. Añada el tomillo, las judías, los tomates, el puré de tomates, el caldo vegetal y el vino, y sazónelo con sal y pimienta negra molida. Mézclelo todo bien.

≈ Tape la cacerola y cuézala a fuego lento entre 25 y 30 minutos o hasta que estén tiernas. Destápela y déjela al fuego otros 5-8 minutos, removiendo de vez en cuando hasta que la salsa empiece a espesar.

≈ Entre tanto, cueza la pasta en una olla grande de agua hirviendo con un chorro de aceite durante unos 10 minutos, removiendo de cuando en cuando. Escurra la pasta, viértala en la olla y remuévala con un chorro de aceite de oliva y pimienta negra.

≈ Sirva las judías con la pasta caliente y queso parmesano rallado.

HECHOS NUTRICIONALES

Por persona
Calorías 598 — Calorías procedentes de grasas 135

	% Valor diario
Total de grasas 15 g	23%
Grasas saturadas 3 g	15%
Grasas monoinsaturadas 9 g	0%
Grasas poliinsaturadas 2 g	0%
Colesterol 5 mg	2%
Sodio 133 mg	5,5%
Total carbohidratos 95 g	32%
Fibra dietética 10 g	40%
Azúcares 10 g	0%
Proteínas 20 g	0%

El tanto por ciento del valor diario se basa en una dieta de 2.000 calorías.

FUSSILLI CON TOMATES DESHIDRATADOS

4 RACIONES

Un plato delicioso tanto servido caliente como plato principal, como frío en ensalada.

- 450 g (1 lb) de fussilli (espirales de pasta)
- Aceite de oliva
- 2 cucharadas de pesto de tomate
- 175 g (6 oz) de tomate deshidratado en conserva, escurrido y troceado
- 4 tomates, cortados en cuñas
- 4 cucharadas de albahaca fresca, picada
- Sal y pimienta negra molida

HECHOS NUTRICIONALES	
Por persona	
Calorías 673	Calorías procedentes de grasas 270
	% Valor diario
Total de grasas 30 g	46%
Grasas saturadas 4,5 g	22%
Grasas monoinsaturadas 9 g	0%
Grasas poliinsaturadas 14 g	0%
Colesterol 3 mg	1%
Sodio 494 mg	20%
Total carbohidratos 90 g	30%
Fibra dietética 6 g	24%
Azúcares 6 g	0%
Proteínas 17 g	0%

El tanto por ciento del valor diario se basa en una dieta de 2.000 calorías.

≈ Cueza la pasta en una olla grande de agua hirviendo con un chorro de aceite de oliva durante unos 10 minutos, removiendo de vez en cuando. Escúrrala y vuelva a echarla en la olla.

≈ Añada el resto de ingredientes, rocíelo todo con aceite de oliva y sírvalo inmediatamente mientras esté caliente o, si lo prefiere, guárdelo en la nevera para que se enfríe.

ESTOFADO DE JUDÍAS, ALCACHOFAS Y CHAMPIÑONES

4 RACIONES

- 175 g (6 oz) de judías
- 1-2 cucharadas de aceite de oliva
- 1 cebolla grande, picada
- 1-2 dientes de ajo, picados
- 225 g (8 oz) de champiñones, laminados
- 175 g (6 oz) de judías verdes, peladas y cortadas en tres trozos y con un hervor
- 425 g (15 oz) de corazones de alcachofas
- 425 g (15 oz) de tomates, pisados
- Sal y pimienta negra fresca molida
- Perejil

HECHOS NUTRICIONALES	
Por persona	
Calorías 279	Calorías procedentes de grasas 45
	% Valor diario
Total de grasas 5 g	8%
Grasas saturadas 1 g	5%
Grasas monoinsaturadas 1 g	0%
Grasas poliinsaturadas 3 g	0%
Colesterol 0 mg	0%
Sodio 56 mg	2%
Total carbohidratos 44 g	15%
Fibra dietética 21 g	84%
Azúcares 8 g	0%
Proteínas 18 g	0%

El tanto por ciento del valor diario se basa en una dieta de 2.000 calorías.

≈ Deje las alubias a remojo y cuézalas hasta que estén tiernas.

≈ Precaliente el horno a 180 °C (350 °F) o en la posición 4. Caliente el aceite en una sartén y sofría la cebolla y el ajo hasta que empiece a estar transparente. Añada los champiñones y saltéelos 1 o 2 minutos hasta que empiecen a ablandarse.

≈ Vierta todos los ingredientes en una cacerola. Aderécelos, tápelos y hornéelos entre 30 y 40 minutos. Espolvoree con perejil y sírvalo con patatas asadas y una ensalada verde.

ESPAGUETIS CON TOMATE

4 RACIONES

Una versión vegetariana del clásico italiano.

- 350 g (¼ lb) de espaguetis
- 1 chorro de aceite de oliva
- 2 dientes de ajo, machacados
- 1 cebolla, picada fino
- 450 g (1 lb) de puré de tomate enlatado
- 4 cucharadas de albahaca fresca, picada
- Sal y pimienta negra molida
- 80 g (3 oz) de queso parmesano rallado

≈ Cueza la pasta en una olla de agua hirviendo con un chorro de aceite de oliva durante unos 10 minutos, removiendo de vez en cuando. Escúrrala.

≈ Precaliente el horno a 200 °C (400 °F) o en la posición 6. Cueza en una cacerola la cebolla, el ajo, los tomates, la albahaca, sal y pimienta negra. Cuando empiece a hervir, déjela otros 5 minutos y retírela del fuego.

≈ Vierta la pasta en una fuente de horno poco profunda engrasada y repártala bien hasta que la fuente esté rellena con la pasta.

≈ Con una cuchara, rocíe el tomate apretando la pasta para asegurar que el tomate llegue al fondo de la fuente. Espolvoréelos con queso rallado y cuézalos al horno unos 25 o 30 minutos hasta que el queso esté burbujeante, crujiente y dorado. Córtelo en varios trozos con forma de cuña.

HECHOS NUTRICIONALES

Por persona	
Calorías 511	Calorías procedentes de grasas 140
	% Valor diario
Total de grasas 15,5 g	24%
Grasas saturadas 8 g	40%
Grasas monoinsaturadas 5 g	0%
Grasas poliinsaturadas 1 g	0%
Colesterol 38 mg	13%
Sodio 430 mg	18%
Total carbohidratos 71 g	24%
Fibra dietética 6 g	24%
Azúcares 6 g	0%
Proteínas 26 g	0%

El tanto por ciento del valor diario se basa en una dieta de 2.000 calorías.

TALLARINES A LA NAPOLITANA

4 RACIONES

Pueden utilizarse tomates normales, aunque los amarillos le dan a este plato un atractivo toque de color. Si dispone de ellos, utilice tallarines frescos.

450 g (1 lb) de tallarines multicolores frescos
1 chorro de aceite de oliva (y 2 cucharadas)
2 dientes de ajo, machacados
1 cebolla, picada
3 cucharadas de albahaca u orégano picado
450 g (1 lb) de tomates amarillos o rojos, pelados, despepitados y picados
225 g (8 oz) de puré de tomates
Sal y pimienta negra molida
Albahaca fresca para decorar
Queso parmesano rallado para servir

≈ Cueza los tallarines en una olla grande de agua hirviendo con un chorro de aceite de oliva durante unos 5 minutos, removiendo de vez en cuando. Escúrralos bien.

≈ Caliente el resto del aceite en una cacerola y saltee el ajo, la cebolla, la albahaca y el orégano unos 3 minutos o hasta que se ablande la cebolla.

≈ Añada los tomates picados y los tomates escurridos, sal y pimienta negra molida. Remueva y déjelo cocer unos 10 minutos o hasta que se espese y burbujee. Sirva la salsa con los tallarines. Decore el plato con albahaca y espolvoréelo con queso parmesano rallado.

HECHOS NUTRICIONALES

Por persona
Calorías 510 — Calorías procedentes de grasas 100

	% Valor diario
Total de grasas 11 g	17%
Grasas saturadas 2 g	10%
Grasas monoinsaturadas 6 g	0%
Grasas poliinsaturadas 2 g	0%
Colesterol 5 mg	2%
Sodio 100 mg	4%
Total carbohidratos 92 g	31%
Fibra dietética 7 g	28%
Azúcares 8 g	0%
Proteínas 17 g	0%

El tanto por ciento del valor diario se basa en una dieta de 2.000 calorías.

PAELLA DE PASTA

6 RACIONES

Esta es una alternativa deliciosa y nutritiva al clásico plato español, que utiliza la pasta como ingrediente principal. Puede utilizarse cualquier tipo de pasta o una mezcla de distintos tipos.

- 450 g (1 lb) de pasta (farfalle o lacitos)
- 1 cucharadita de cúrcuma molida
- 1 chorro de aceite de oliva (y 3 cucharadas)
- 2 dientes de ajo, machacados
- 1 cebolla
- 1 pimiento rojo, despepitado y picado
- 100 g (4 oz) de zanahorias baby
- 16 mazorcas baby
- 100 g (3 oz) de guisantes
- 100 g (4 oz) puntas de espárragos frescas
- 50 g (2 oz) de aceitunas negras sin hueso
- 3 cucharaditas de harina colmadas

≈ Cueza la pasta con la cúrcuma y un chorro de aceite de oliva en una olla grande de agua hirviendo durante unos 10 minutos, removiendo de vez en cuando, y escúrrala (guardando el caldo).

≈ Caliente el resto del aceite de oliva en una sartén grande y saltee el ajo y la cebolla durante unos 3 minutos o hasta que se ablanden. Añada los pimientos, las zanahorias y el maíz, mézclelo bien y déjelos unos 2-3 minutos, y a continuación añada los guisantes, las aceitunas negras y la pasta. Déjelos 2 o 3 minutos, espolvoree la pasta con harina y mézclela bien. Déjela otro minuto al fuego y añada poco a poco algo menos de los 450 ml (16 fl oz) del caldo de la pasta. Cuézalo durante 2 o 3 minutos o hasta que la salsa espese.

≈ Sirva la paella directamente de la cacerola o viértala en una fuente de servir.

HECHOS NUTRICIONALES

Por persona
Calorías 396 — Calorías procedentes de grasas 135

	% Valor diario
Total de grasas 9 g	14%
Grasas saturadas 1 g	5%
Grasas monoinsaturadas 5 g	0%
Grasas poliinsaturadas 1,5 g	0%
Colesterol 0 mg	0%
Sodio 395 mg	16%
Total carbohidratos 70,5 g	23%
Fibra dietética 7 g	28%
Azúcares 7 g	0%
Proteínas 12 g	0%

El tanto por ciento del valor diario se basa en una dieta de 2.000 calorías.

CALABAZA RELLENA

4 RACIONES

Es una receta que se inspira en el dicho norteamericano «lo verde, cómalo verde». Existen muchos tipos de calabazas, pero en esta receta se utiliza la calabaza de invierno, de piel dura. No la pele porque sirve de cáscara.

1 calabaza
Sal y pimienta negra molida
175 g (6 oz) de arroz integral
2 zanahorias pequeñas en dados
25 g (1 oz) de guisantes
1-2 cucharadas de aceite
1 cebolla, picada
1 diente de ajo, picado
1 penca de apio, picada
1 manojo de perejil, picado
2 cucharadas de avellanas, picadas

Salsa de tomate
1-2 cucharadas de aceite
1 cebolla, picada
2 dientes de ajo, picados
1 lata de tomate triturado de 425 g (15 oz)
1 cucharada de tomate concentrado
sal y pimienta negra en grano

≈ Precaliente el horno a 180 °C (350 °F) o en la posición 4. Corte la calabaza por la mitad longitudinalmente y quite las semillas. Espolvoree la carne con sal y deje las dos partes de la calabaza secarse boca arriba.

≈ Mientras se secan, prepare el relleno. Hierva el arroz a fuego lento en una olla de agua salada hasta que esté tierno (unos 30 minutos) y, a continuación, escúrralo.

≈ Dé un hervor a las zanahorias y los guisantes y escúrralos. Caliente el aceite en una sartén y sofría el ajo y la cebolla hasta que empiecen a estar transparentes. Añada el apio, las zanahorias y los guisantes. A continuación, añada el arroz, el perejil, las avellanas, la sal y pimienta. Seque las dos mitades de calabaza y rellene una de ellas con el relleno. Tápela con la otra mitad.

≈ Para preparar la salsa de tomate, caliente el aceite en una sartén y fría el ajo y la cebolla, removiendo hasta que estén blandos. Añada los tomates y el puré de tomate. Déjelo a fuego lento 5 minutos, removiendo de vez en cuando, y añada sal y pimienta.

≈ Coloque la calabaza en una fuente de horno con tapa o cubierta con papel de aluminio. Rocíe la salsa alrededor. Cueza la calabaza al horno unos 45 minutos o hasta que esté tierna. Sírvala caliente o fría con una ensalada verde crujiente.

HECHOS NUTRICIONALES

Por persona
Calorías 265 — Calorías procedentes de grasas 135

	% Valor diario
Total de grasas 15 g	23%
Grasas saturadas 2 g	10%
Grasas monoinsaturadas 5 g	0%
Grasas poliinsaturadas 8 g	0%
Colesterol 0 mg	0%
Sodio 60 mg	2,5%
Total carbohidratos 28 g	9%
Fibra dietética 6 g	24%
Azúcares 11 g	0%
Proteínas 5 g	0%

El tanto por ciento del valor diario se basa en una dieta de 2.000 calorías.

Acompañamientos

Pasta con brócoli y tomate

Tres pimientos con tomate y ajo

Espaguetis con piñones

Ratatouille de pimientos y pasta

Alcachofas con salsa de tomate

Pasta con salsa de pimientos y aceitunas

Patatas bravas

Calabacines con eneldo

Tallarines de alforfón con repollo

Judías verdes españolas

Tallarines con salsa de lentejas

Pasta con pimientos verdes y pesto

Tallarines con judías verdes y ajo

Champiñones griegos

Guisantes a la francesa con cebollas

Cebollas asadas en vino tinto

Alubias con pasta

Calabacitas salteadas con aguacate

Berenjena rellena con tomate y ajo

PASTA CON BRÓCOLI Y TOMATE

4 RACIONES

Delicioso como almuerzo y cena. Conviene elegir cogollos de brócoli muy frescos y de color verde vivo para que mantengan su color y textura crujiente.

350 g (¾ lb) de pasta (gnocchetti)
3 cucharadas de aceite de oliva
350 g (¾ lb) de cogollos de brócoli frescos
1 diente de ajo, picado
2 cucharaditas de romero fresco, picado
2 cucharaditas de orégano fresco, picado
Sal y pimienta negra molida
200 g (7 oz) de tomate picado en conserva
1 cucharada de puré de tomate
Hierbas aromáticas para decorar

≈ Cueza la pasta en una olla grande de agua hirviendo con un chorro de aceite de oliva. Escúrrala, vuelva a verterla en la olla y tápela para que no se enfríe.

≈ Mientras tanto, caliente el aceite en una sartén grande, fría el brócoli, el ajo, el romero y el orégano, y añada sal y pimienta negra molida. Tape la sartén y déjela al fuego durante 5 minutos.

≈ Añada el tomate picado y la pasta de tomate y remueva. Añada la pasta y mézclela cuidadosamente. Sírvala inmediatamente, decorada con hierbas aromáticas.

HECHOS NUTRICIONALES

Por persona

Calorías 420	Calorías procedentes de grasas 100
	% Valor diario
Total de grasas 11 g	17%
Grasas saturadas 2 g	10%
Grasas monoinsaturadas 6 g	0%
Grasas poliinsaturadas 2 g	0%
Colesterol 0 mg	0%
Sodio 48 mg	2%
Total carbohidratos 70 g	23%
Fibra dietética 8 g	32%
Azúcares 5 g	0%
Proteínas 15 g	0%

El tanto por ciento del valor diario se basa en una dieta de 2.000 calorías.

TRES PIMIENTOS CON TOMATE Y AJO

4 RACIONES

Esta tradicional tapa española puede comerse fría o caliente. Su sabor mejora si se deja reposar un día, y si le gusta la comida picante, puede sustituir el aceite de oliva por aceite de guindilla.

50 ml (2 fl oz) de aceite de oliva
2 pimientos amarillos, despepitados y cortados en juliana
2 pimientos rojos, despepitados y cortados en juliana
2 pimientos verdes, despepitados y cortados en juliana
1 cucharada de perejil, picado
2 cucharaditas de ajo, machacado
225 g (8 oz) de tomates (frescos o en lata)
Sal y pimienta

≈ Caliente el aceite en una cacerola grande y fría los pimientos a fuego lento unos 2 o 3 minutos, removiendo con frecuencia. Añada el perejil y el ajo y déjelo un par de minutos más.

≈ Añada los tomates picados en su jugo y sal y pimienta, y mézclelo bien.

≈ Tape la cacerola y déjelo cocer a fuego lento unos 20 minutos o hasta que los pimientos estén tiernos.

≈ La salsa debe quedar espesa (si fuera necesario, saque los pimientos y cuézala para reducir el líquido). Compruebe la sal y pimienta.

HECHOS NUTRICIONALES

Por persona
Calorías 487 — Calorías procedentes de grasas 72

	% Valor diario
Total de grasas 8 g	12%
Grasas saturadas 3 g	15%
Grasas monoinsaturadas 3 g	0%
Grasas poliinsaturadas 1,5 g	0%
Colesterol 10 mg	3%
Sodio 336 mg	14%
Total carbohidratos 92 g	31%
Fibra dietética 7 g	28%
Azúcares 8 g	0%
Proteínas 17 g	0%

El tanto por ciento del valor diario se basa en una dieta de 2.000 calorías.

ESPAGUETIS CON PIÑONES

4 RACIONES

Los piñones le dan sabor y una textura especial. Sírvalo directamente de la olla.

450 g (1 lb) de espaguetis multicolores
1 chorro de aceite de oliva
2 cucharadas de aceite de oliva
1 diente de ajo, picado
1 cebolla pequeña, picada fino
75 g (3 oz) de piñones
225 g (8 oz) de tomate de lata picado
Sal y pimienta negra molida
4 cucharadas de albahaca fresca, picada
2 cucharadas de perejil fresco, picado

≈ Cueza la pasta en una olla grande de agua hirviendo con un chorro de aceite de oliva durante unos 10 minutos, removiendo de vez en cuando. Escúrrala.

≈ Caliente el aceite en una sartén grande, sofría el ajo y la cebolla unos 3 minutos o hasta que se ablande la cebolla. Añada los piñones y saltéelos hasta que se tuesten.

≈ Añada los tomates escurridos, las especias, la sal y la pimienta negra molida y cuézalo unos 5 minutos, removiendo de cuando en cuando.

≈ Añada los espaguetis y remueva para que se mezclen bien con la salsa. Déjelo al fuego otros 5 minutos y sírvalos inmediatamente.

HECHOS NUTRICIONALES	
Por persona	
Calorías 622	Calorías procedentes de grasas 230
	% Valor diario
Total de grasas 25,5 g	39%
Grasas saturadas 3 g	15%
Grasas monoinsaturadas 12 g	0%
Grasas poliinsaturadas 9 g	0%
Colesterol 0 mg	0%
Sodio 26 mg	1%
Total carbohidratos 87 g	29%
Fibra dietética 6 g	24%
Azúcares 7 g	0%
Proteínas 17 g	0%

El tanto por ciento del valor diario se basa en una dieta de 2.000 calorías.

RATATOUILLE DE PIMIENTOS Y PASTA

4 RACIONES

Sirva el plato, sencillo y delicioso, con patatas asadas recubiertas de mantequilla.

450 g (1 lb) de pasta (*gnocchi* o caracolas)
1 chorro y 3 cucharadas de aceite de oliva
2 dientes de ajo, machacados
1 cebolla, picada
2 pimientos verdes, despepitados y cortados en trozos
400 g (14 oz) de tomates en lata picados
2 cucharadas de puré de tomate
150 ml (5 fl oz) de vino tinto seco
2 cucharadas de orégano fresco
Sal y pimienta negra molida
1 manojo de orégano para decorar

≈ Hierva la pasta en una olla grande de agua hirviendo con un chorro de aceite de oliva durante unos 10 minutos, removiendo de vez en cuando. Escúrrala.

≈ Caliente el resto de aceite de oliva en una cacerola grande y saltee el ajo y la cebolla unos 3 minutos o hasta que estén blandos. Tápela y déjela al fuego otros 5 minutos.

≈ Añada el resto de los ingredientes, excepto el manojo de orégano. Cuando empiece a hervir, tápela, cuézala otros 10 minutos y añada la pasta. Déjelo todo unos 5 minutos al fuego, removiendo de vez en cuando. Sirva la pasta decorada con orégano.

HECHOS NUTRICIONALES

Por persona
Calorías 544 — Calorías procedentes de grasas 108

	% Valor diario
Total de grasas 12 g	18%
Grasas saturadas 2 g	10%
Grasas monoinsaturadas 7 g	0%
Grasas poliinsaturadas 2 g	0%
Colesterol 0 mg	0%
Sodio 70 mg	3%
Total carbohidratos 93 g	31%
Fibra dietética 8 g	32%
Azúcares 9 g	0%
Proteínas 16 g	0%

El tanto por ciento del valor diario se basa en una dieta de 2.000 calorías.

ALCACHOFAS CON SALSA DE TOMATE

4 RACIONES

4 alcachofas grandes
1-2 cucharadas de aceite
1 cebolla grande picada
2 dientes de ajo, picados
425 g (15 oz) de tomates en lata
1 cucharada de puré de tomate
2 cucharaditas de orégano fresco, picado
Zumo de limón
Sal y pimienta negra molida

HECHOS NUTRICIONALES	
Por persona	
Calorías 92	Calorías procedentes de grasas 45
	% Valor diario
Total de grasas 5 g	8%
Grasas saturadas 1 g	5%
Grasas monoinsaturadas 3 g	0%
Grasas poliinsaturadas 0,5 g	0%
Colesterol 0 mg	0%
Sodio 54 mg	2%
Total carbohidratos 12 g	4%
Fibra dietética 4,5 g	18%
Azúcares 6 g	0%
Proteínas 3 g	0%

El tanto por ciento del valor diario se basa en una dieta de 2.000 calorías.

≈ Limpie bien las alcachofas con agua fría y déjelas secar cabeza abajo. Cueza una olla grande de agua con sal y, cuando empiece a hervir, ponga las alcachofas a cocer entre 30 y 50 minutos. Las alcachofas estarán listas cuando las hojas exteriores se desprendan con facilidad.

≈ Mientras tanto, prepare la salsa friendo el ajo y la cebolla hasta que adquieran un aspecto transparente. Añada los tomates, el puré de tomate y el orégano, y deje que la salsa reduzca. Añada sal y pimienta y un chorro de zumo de limón al gusto.

≈ Escurra las alcachofas. Cuando estén frías, desprenda las hojas internas y el corazón no comestible con pelillos. Vierta un poco de salsa de tomate y coloque cada alcachofa en un charco de salsa en platos individuales.

PASTA CON SALSA DE PIMIENTOS Y ACEITUNAS

4 RACIONES

La salsa de pimiento, baja en contenido graso, ayuda a mantener las calorías bajo control.

350 g (12 oz) de macarrones cortos
1 chorro de aceite de oliva
50 g (2 oz) de aceitunas negras sin hueso, picadas
Queso rallado, para servir

Salsa de pimientos
2 pimientos rojos
4 dientes de ajo, pelados
300 ml. (10 fl oz) de caldo vegetal
Sal y pimienta negra molida

HECHOS NUTRICIONALES	
Por persona	
Calorías 487	Calorías procedentes de grasas 72
	% Valor diario
Total de grasas 8 g	12%
Grasas saturadas 3 g	15%
Grasas monoinsaturadas 3 g	0%
Grasas poliinsaturadas 1,5 g	0%
Colesterol 10 mg	3%
Sodio 336 mg	14%
Total carbohidratos 92 g	31%
Fibra dietética 7 g	28%
Azúcares 8 g	0%
Proteínas 17 g	0%

El tanto por ciento del valor diario se basa en una dieta de 2.000 calorías.

≈ Cueza la pasta en una olla grande de agua hirviendo con un chorro de aceite de oliva durante unos 10 minutos, removiendo de vez en cuando. Escúrrala y vuelva a verterla en la olla.

≈ Pele los pimientos, despepítelos y píquelos.

≈ Para preparar la salsa, bata con una batidora o licuadora los pimientos picados, el ajo y el caldo vegetal, y añada sal y pimienta negra molida hasta obtener un puré.

≈ Mezcle la salsa con la pasta y las aceitunas picadas. Sirva con queso rallado.

PATATAS BRAVAS

4 RACIONES

Esta tapa picante es típica de la cocina española y su popularidad es fácilmente comprensible.

- 1 cebolla picada
- 2 cucharadas de aceite de oliva
- 1 hoja de laurel
- 2 guindillas rojas
- 2 cucharaditas de ajo
- 1 cucharada de puré de tomate
- ½ cucharada de azúcar (o hasta una cucharada si la salsa resulta demasiado amarga)
- 1 cucharada de salsa de soja
- 425 g (5 oz) de tomates enteros en lata picados
- 1 vaso de vino blanco
- Sal y pimienta negra
- 8 patatas medianas

≈ Para preparar la salsa, deje sudar las cebollas en aceite con una hoja de laurel. Cuando estén blandas, añada la guindilla, el ajo, el puré de tomate y la salsa de soja, y cuézalas 5 minutos a fuego lento.

≈ Añada los tomates picados y el vino blanco y remueva. Cuando empiece a hervir déjelo cocer a fuego lento unos 10 minutos y compruebe la sal y la pimienta.

≈ La salsa debe ser ligeramente dulce y no estar dominada por el sabor a tomate.

≈ Trocee las patatas.

≈ Engrase una fuente de horno. Sale las patatas y úntelas con aceite. A continuación, áselas en el horno a 230 °C (450 °F) o en la posición 8 hasta que estén doradas.

≈ Vierta la salsa de tomate sobre las patatas y sírvalas.

HECHOS NUTRICIONALES	
Por persona	
Calorías 254	Calorías procedentes de grasas 54
	% Valor diario
Total de grasas 6 g	9%
Grasas saturadas 1 g	5%
Grasas monoinsaturadas 4 g	0%
Grasas poliinsaturadas 1 g	0%
Colesterol 0 mg	0%
Sodio 70 mg	3%
Total carbohidratos 41 g	14%
Fibra dietética 5 g	20%
Azúcares 7 g	0%
Proteínas 6 g	0%

El tanto por ciento del valor diario se basa en una dieta de 2.000 calorías.

CALABACINES CON ENELDO

4 RACIONES

No podía ser más fácil de elaborar y, además, este delicioso plato vegetal es ideal para acompañar cualquier plato principal.

50 ml (2 fl oz) de aceite de oliva
1 cebolla, picada
1 cucharadita de ajo, machacado
450 g (1 lb) de calabacines, con los extremos seccionados y cortados en rodajas
½ cucharadita de pimienta negra
2 cucharaditas de pimentón
1 cucharada de eneldo, picado (sin penca)
150 ml (5 fl oz) de nata líquida
Sal al gusto

≈ Calentar el aceite en una cacerola grande y freír el ajo y la cebolla hasta que estén blandos. Suba el fuego y añada los calabacines, el ajo y los pimientos, y mézclelo todo bien.

≈ Déjelo hacerse bien, dándole la vuelta a los calabacines para que se frían bien.

≈ Cuando estén tostados, añada el pimentón, el eneldo y la nata líquida. Aderécelos y sírvalos.

HECHOS NUTRICIONALES

Por persona
Calorías 228 — Calorías procedentes de grasas 200

	% Valor diario
Total de grasas 22 g	34%
Grasas saturadas 7 g	35%
Grasas monoinsaturadas 12 g	0%
Grasas poliinsaturadas 2 g	0%
Colesterol 23 mg	8%
Sodio 17 mg	0,7%
Total carbohidratos 5 g	2%
Fibra dietética 2 g	8%
Azúcares 4 g	0%
Proteínas 3 g	0%

El tanto por ciento del valor diario se basa en una dieta de 2.000 calorías.

TALLARINES DE ALFORFÓN CON REPOLLO

6 RACIONES

Los tallarines de alforfón, también llamados «pizzoccheri», son una especialidad del norte de Italia y pueden adquirirse en tiendas de delicatessen italianas. También pueden sustituirse por tallarines integrales o de huevo.

350 g (¾ lb) de tallarines de alforfón
225 g (½ lb) de repollo picado
1 patata mediana, pelada y en dados
3 cucharadas de aceite de oliva
4 cucharadas de salvia fresca, picada
Una pizca de nuez moscada molida
225 g (½ lb) de queso fontina en cubitos
100 g (4 oz) de queso parmesano rallado

≈ Cueza los tallarines, el repollo y las patatas en una olla grande de agua hirviendo con un chorro de aceite de oliva entre 10 y 15 minutos, o hasta que estén tiernos, removiendo de vez en cuando. Escúrralos y déjelos tapados.

≈ Mientras tanto, caliente aceite en una sartén grande y saltee el ajo y la salvia un minuto. A continuación, aparte la sartén del fuego.

≈ En una fuente de servir caliente, coloque una capa de pasta y espolvoréela con un poco de nuez moscada, del queso fontina y del queso parmesano.

≈ Cuando tenga varias capas, rocíelas con el aceite del ajo y mézclelo con cuidado con la pasta. Sirva inmediatamente.

HECHOS NUTRICIONALES	
Por persona	
Calorías 596	Calorías procedentes de grasas 234
	% Valor diario
Total de grasas 26 g	40%
Grasas saturadas 11 g	55%
Grasas monoinsaturadas 8 g	0%
Grasas poliinsaturadas 2 g	0%
Colesterol 48 mg	16%
Sodio 774 mg	32%
Total carbohidratos 65 g	22%
Fibra dietética 19 g	76%
Azúcares 16 g	0%
Proteínas 30 g	0%

El tanto por ciento del valor diario se basa en una dieta de 2.000 calorías.

JUDÍAS VERDES ESPAÑOLAS

4 RACIONES

450 g (1 lb) de judías verdes, con los extremos cortados

50 ml (2 fl oz) de aceite de oliva

½ cebolla mediana, en rodajas finas

Sal y pimienta al gusto

300 ml (10 fl oz) de caldo vegetal

1 cucharada de ajo, machacado

≈ Cueza las judías en una olla de agua hirviendo con sal entre 6 y 8 minutos o hasta que dejen de estar crudas (manteniéndose firmes). Escúrralas bien.

≈ Caliente el aceite en una sartén, añada la cebolla y fríala a fuego lento. Añada las judías y la pimienta y mézclelo bien. Añada el caldo vegetal y el ajo.

≈ Tápelas y déjelas cocer hasta que estén tiernas (unos 10 minutos). Compruebe la sal y la pimienta, y sírvalas.

HECHOS NUTRICIONALES

Por persona
Calorías 220 — Calorías procedentes de grasas 190

	% Valor diario
Total de grasas 21 g	32%
Grasas saturadas 3 g	15%
Grasas monoinsaturadas 15 g	0%
Grasas poliinsaturadas 2 g	0%
Colesterol 0 mg	0%
Sodio 0 mg	0%
Total carbohidratos 5 g	2%
Fibra dietética 4 g	16%
Azúcares 3 g	0%
Proteínas 2,5 g	0%

El tanto por ciento del valor diario se basa en una dieta de 2.000 calorías.

TALLARINES CON SALSA DE LENTEJAS

4 RACIONES

350 g (¾ lb) de tallarines
1 chorro de aceite de oliva

Salsa

2 cucharadas de aceite de oliva
2 dientes de ajo, machacados
1 cebolla grande, picada muy fino
175 g (6 oz) de lentejas rojas, lavadas y escurridas
3 cucharadas de puré de tomate
Sal y pimienta negra molida
600 ml (1 pt) de agua hirviendo
Hojas de romero fresco, para decorar
Queso parmesano rallado, para servir

Una receta útil para tener a mano si necesita improvisar algo.

≈ Cueza la pasta en una olla grande de agua hirviendo con un chorro de aceite de oliva unos 10 minutos, removiendo de vez en cuando. Escúrrala y vuelva a echarla en la olla.

≈ Para preparar la salsa de lentejas, caliente el aceite en una olla y sofría el ajo y la cebolla durante unos 5 minutos, hasta que estén blandos. Añada las lentejas, el puré de tomate, la sal y la pimienta negra molida, y vierta el agua hirviendo. Cuando empiece a hervir, deje las lentejas cocer a fuego lento unos 20 minutos o hasta que estén blandas, removiendo de vez en cuando.

≈ Recaliente los tallarines a fuego lento unos 2 o 3 minutos, si fuera necesario, y sírvalos con la salsa de lentejas. Adorne el plato con unos ramilletes de romero fresco y sírvalo con queso parmesano rallado.

HECHOS NUTRICIONALES	
Por persona	
Calorías 553	Calorías procedentes de grasas 100
	% Valor diario
Total de grasas 11 g	17%
Grasas saturadas 2 g	10%
Grasas monoinsaturadas 6 g	0%
Grasas poliinsaturadas 2 g	0%
Colesterol 5 mg	2%
Sodio 117 mg	5%
Total carbohidratos 96 g	32%
Fibra dietética 8 g	32%
Azúcares 6,5 g	0%
Proteínas 24 g	0%

El tanto por ciento del valor diario se basa en una dieta de 2.000 calorías.

PASTA CON PIMIENTOS VERDES Y PESTO

4 RACIONES

Si no puede encontrar linguine, *puede utilizar otros tipos de pasta, como espaguetis o tallarines.*

450 g (1 lb) de pasta *(linguine)*
1 chorro y 2 cucharadas de aceite de oliva
2 dientes de ajo, machacados
2 cucharadas de pesto
50 ml (2 fl oz) de caldo vegetal
1 pimiento verde, despepitado y en rodajas muy finas
Hierbas aromáticas frescas, para decorar

≈ Cueza la pasta en una olla grande de agua hirviendo con un chorro de aceite de oliva durante unos 4 minutos, removiendo de vez en cuando. Escúrrala y vuelva a verterla en la olla. Rocíela con otro chorro de aceite de oliva y déjela tapada para que se mantenga caliente.

≈ Caliente el resto de aceite en una sartén grande y sofría el ajo 1 o 2 minutos. A continuación, agregue el pesto y añada el caldo vegetal, mézclelo todo y déjelo otro minuto al fuego. Añada los pimientos y cuézalos entre 7 y 10 minutos, removiendo de vez en cuando. Mezcle la salsa de pimientos con la pasta y sírvala decorada con hierbas aromáticas frescas.

HECHOS NUTRICIONALES

Por persona
Calorías 494 — Calorías procedentes de grasas 108

	% Valor diario
Total de grasas 12 g	18%
Grasas saturadas 2 g	10%
Grasas monoinsaturadas 6,5 g	0%
Grasas poliinsaturadas 2 g	0%
Colesterol 3 mg	1%
Sodio 45 mg	2%
Total carbohidratos 87 g	29%
Fibra dietética 6 g	24%
Azúcares 4 g	0%
Proteínas 15 g	0%

El tanto por ciento del valor diario se basa en una dieta de 2.000 calorías.

TALLARINES CON JUDÍAS VERDES Y AJO

4 RACIONES

Este plato es apropiado en cualquier ocasión: está delicioso como ensalada de verano, como plato principal caliente o como acompañamiento.

350 g (¾ lb) de tallarines
1 chorro y 4 cucharadas de aceite de oliva
350 g (¾ lb) de judías verdes
1 patata mediana partida en dados
3 dientes de ajo, picados
5 cucharadas de salvia fresca, picada
Sal y pimienta negra molida
Queso parmesano rallado, para servir

≈ Cueza los tallarines en una olla de agua hirviendo con un chorro de aceite de oliva durante 10 minutos, removiendo de vez en cuando. Escúrralos.

≈ Cueza las judías o las patatas en cubitos en una olla grande de agua hirviendo durante unos 10 minutos o hasta que estén tiernas. Escúrralas bien y no deje que se enfríen.

≈ Caliente en una cacerola grande el resto del aceite, y saltee el ajo y la salvia, con sal y pimienta negra molida, durante 2 o 3 minutos. Añada las judías y las patatas. Déjelas un poco al fuego, añada los tallarines y mézclelo bien.

≈ Mantenga la cacerola al fuego otros 5 minutos, removiendo de vez en cuando, y luego vierta los tallarines en una fuente de servir y espolvoréelos con queso parmesano recién rallado para servir.

HECHOS NUTRICIONALES

Por persona

Calorías 489	Calorías procedentes de grasas 144
	% Valor diario
Total de grasas 16 g	25%
Grasas saturadas 3 g	15%
Grasas monoinsaturadas 10 g	0%
Grasas poliinsaturadas 2 g	0%
Colesterol 5 mg	2%
Sodio 60 mg	2,5%
Total carbohidratos 76 g	25%
Fibra dietética 7 g	28%
Azúcares 5 g	0%
Proteínas 15 g	0%

El tanto por ciento del valor diario se basa en una dieta de 2.000 calorías.

CHAMPIÑONES GRIEGOS

6 RACIONES

El meze es una tapa griega que se suele tomar con un vermú u otra bebida. Para obtener todo su sabor, debe emplear champiñones frescos y firmes y aceite de oliva de primera calidad.

150 ml (5 fl oz) de aceite de oliva
125 ml (4 fl oz) de vino blanco seco
Sal y pimienta negra molida al gusto
1 cucharadita de tomillo
3 dientes de ajo, machacados
4 cucharadas de perejil fresco, picado
600 g (1½ lb) de champiñones pequeños, lavados
Zumo de 1 limón, recién exprimido
Perejil fresco picado, para decorar

≈ Cueza en una olla grande todos los ingredientes, excepto los champiñones y la mitad del zumo de limón. Cuando empiece a hervir, baje el fuego y añada los champiñones, tápelos y cuézalos a fuego lento entre 8 y 10 minutos.

≈ Sirva los champiñones y el líquido en una fuente y déjelos enfriar por completo. Deben servirse a temperatura ambiente, rociados con el resto del zumo de limón y decorados con perejil fresco.

HECHOS NUTRICIONALES

Por persona
Calorías 245 — Calorías procedentes de grasas 225

	% Valor diario
Total de grasas 25 g	8%
Grasas saturadas 4 g	20%
Grasas monoinsaturadas 18 g	0%
Grasas poliinsaturadas 2 g	0%
Colesterol 0 mg	0%
Sodio 7 mg	0,3%
Total carbohidratos 1 g	0,3%
Fibra dietética 2 g	8%
Azúcares 0 g	0%
Proteínas 2 g	0%

El tanto por ciento del valor diario se basa en una dieta de 2.000 calorías.

GUISANTES CON CEBOLLAS

4 RACIONES

Gracias, sin duda, al uso de congelados, los guisantes están presentes hoy en día en cualquier casa. Esta receta francesa propone una nueva forma estimulante de prepararlos.

1 kg (2¼ lb) de guisantes frescos, pelados
225 g (½ lb) de cebollas o chalotes, peladas y enteras
Sal
8 hojas de la parte exterior de la lechuga, partidas en trozos pequeños
6 cucharadas de caldo vegetal
3 cucharadas de yogur natural desnatado
Pimienta negra
1 cucharadita de azúcar

Decoración

2 cucharadas de menta picada

≈ Escalde los guisantes y las cebollas en agua hirviendo unos 5 minutos y escúrralos.

≈ Mezcle los guisantes y las cebollas con la lechuga, el caldo, el yogur, sal y pimienta en una olla y cuézalos. Al hervir, tápela y déjelos cocerse a fuego lento unos 10 minutos. Añada azúcar, sal y pimienta.

≈ Espolvoree los guisantes con la menta para servirlos.

HECHOS NUTRICIONALES	
Por persona	
Calorías 246	Calorías procedentes de grasas 36
	% Valor diario
Total de grasas 4 g	6%
Grasas saturadas 1 g	5%
Grasas monoinsaturadas 0,5 g	0%
Grasas poliinsaturadas 2 g	0%
Colesterol 1 mg	0,3%
Sodio 20 mg	0,8%
Total carbohidratos 36 g	12%
Fibra dietética 18 g	72%
Azúcares 12 g	0%
Proteínas 19 g	0%

El tanto por ciento del valor diario se basa en una dieta de 2.000 calorías.

CEBOLLAS ASADAS EN VINO TINTO

4 RACIONES

Las cebollas asadas al horno son un excelente acompañamiento para muchos platos.

- 4 cebollas grandes
- 2 cucharadas de aceite de girasol
- 180 ml (6 fl oz) de vino tinto
- 300 ml (10 fl oz) de caldo vegetal
- Sal y pimienta negra

Decoración

- Ramita perejil

HECHOS NUTRICIONALES	
Por persona	
Calorías 120	Calorías procedentes de grasas 54
	% Valor diario
Total de grasas 6 g	9%
Grasas saturadas 1 g	5%
Grasas monoinsaturadas 1 g	0%
Grasas poliinsaturadas 4 g	0%
Colesterol 0 mg	0%
Sodio 6 mg	8%
Total carbohidratos 10 g	6%
Fibra dietética 2 g	12%
Azúcares 7 g	0%
Proteínas 1,5 g	0%

El tanto por ciento del valor diario se basa en una dieta de 2.000 calorías.

≈ Precaliente el horno a 170 °C (325 °F) o en la posición 3. Pele las cebollas y seccione la base de cada una de ellas para que se mantengan en pie.

≈ Caliente el aceite en una cacerola y fría la cebolla a fuego medio. Vierta el vino y cuando empiece a hervir déjelo cocer a fuego 2 o 3 minutos. Añada el caldo, sal y pimienta, y vuelva a hervirlo.

≈ Cambie las cebollas a una fuente de horno y áselas entre una y una hora y media, hasta que la cebolla esté blanda y la salsa se reduzca y se espese. Sírvalas calientes con el perejil.

ALUBIAS CON PASTA

4 RACIONES

Este es un plato delicioso y nutritivo. Utilice pasta pequeña y sírvalo con pan crujiente.

- 50 g (2 oz) de pasta pequeña
- 1 chorro de aceite de oliva
- 400 g (14 oz) de alubias variadas en lata
- 1 pimiento rojo
- 2 cucharaditas de orégano

Aliño

- 2 dientes de ajo, machacados
- 4 cucharadas de aceite de oliva virgen extra
- 2-3 cucharadas de vinagre balsámico
- 1 cucharadita de puré de tomate
- Sal y pimienta negra molida

HECHOS NUTRICIONALES	
Por persona	
Calorías 273	Calorías procedentes de grasas 117
	% Valor diario
Total de grasas 13 g	20%
Grasas saturadas 2 g	10%
Grasas monoinsaturadas 9 g	0%
Grasas poliinsaturadas 1,5 g	0%
Colesterol 0 mg	0%
Sodio 409 mg	17%
Total carbohidratos 30 g	10%
Fibra dietética 9 g	36%
Azúcares 6,5 g	0%
Proteínas 10 g	0%

El tanto por ciento del valor diario se basa en una dieta de 2.000 calorías.

≈ Cueza la pasta en una olla grande de agua hirviendo con un chorro de aceite de oliva durante unos 8 minutos. Escúrrala, aclárela con agua fría, escúrrala de nuevo y viértala en una fuente.

≈ Despepite y pique el pimiento. Añada las alubias, el pimiento y el orégano a las alubias.

≈ Mezcle todos los ingredientes del aliño en una jarra con tapón de rosca y agítelo bien. Rocíe la mezcla con el aliño, mézclelo bien y déjelo enfriar al menos 30 minutos antes de servir.

CALABACITAS SALTEADAS CON AGUACATE

4 RACIONES

Para este salteado de aguacate y calabaza conviene utilizar una calabaza amarilla pequeña. Puede ser un colorido primer plato, un almuerzo frugal o un acompañamiento. Si utiliza la receta como salsa para servir con pasta divida las medidas a la mitad. En este caso es recomendable utilizar pasta fresca.

3 cucharadas de aceite de oliva
2 cebollas en rodajas
1 zanahoria a la mitad y en rodajas
1 manojo de estragón
450 g (1 lb) de calabacitas, partidas por la mitad horizontalmente
Sal y pimienta negra molida
4 aguacates
Zumo de ½ limón
8 ramilletes de eneldo

≈ Caliente el aceite en una cacerola grande y fría las cebollas, la zanahoria y el estragón. Tápelo y déjelo 15 minutos al fuego (hasta que las cebollas estén medio hechas).

≈ Añada la calabaza, la sal y la pimienta, tápelo y déjelo otros 15 minutos al fuego, removiendo una o dos veces (hasta que la calabaza esté tierna pero no blanda).

≈ Parta los aguacates a la mitad, quíteles los huesos y pártalos en cuatro trozos longitudinalmente. Pele cada trozo de aguacate y lamínelo. Rocíelo con el zumo de limón, mézclelo con la calabaza y el eneldo y mézclelo bien. Pruebe la sal y la pimienta antes de servir. Mezcle las verduras en una fuente con la pasta o sírvalas con una cuchara sobre platos individuales de pasta.

HECHOS NUTRICIONALES

Por persona	
Calorías 409	Calorías procedentes de grasas 333
	% Valor diario
Total de grasas 37 g	57%
Grasas saturadas 7 g	35%
Grasas monoinsaturadas 24 g	0%
Grasas poliinsaturadas 4 g	0%
Colesterol 0 mg	0%
Sodio 20 mg	0,8%
Total carbohidratos 16 g	5%
Fibra dietética 11 g	44%
Azúcares 9 g	0%
Proteínas 4,5 g	0%

El tanto por ciento del valor diario se basa en una dieta de 2.000 calorías.

BERENJENA RELLENA CON TOMATE Y AJO

6 RACIONES

1 kg (2¼ lb) de berenjenas
150 ml (5 fl oz) de aceite de oliva
1 kg (2¼ lb) de tomates
4 dientes de ajo
2 cucharadas de perejil, picado
Sal y pimienta negra molida

≈ Precaliente el horno a 200 °C (400 °F) o en la posición 6. Parta la berenjena en dos mitades longitudinalmente.

≈ Fría las berenjenas (unos 2 minutos cada lado) a fuego fuerte. Escurra las berenjenas y déjelas enfriar un poco.

≈ Despepite los tomates, córtelos en dados y fríalos.

≈ Separe la carne de la berenjena dejando un reborde de medio centímetro de grosor aproximadamente y guárdelas.

≈ Machaque el ajo y mézclelo con la carne de la berenjena y los tomates. Añada el perejil picado y sal y pimienta molida, al gusto.

≈ Fríalo todo a fuego medio durante unos 5 minutos aproximadamente, sáquelo de la sartén con una espumadera, dejando escurrir todo el exceso de aceite y rellene cada mitad de berenjena con la salsa.

Áselas al horno hasta que las cáscaras y el relleno estén calientes.

HECHOS NUTRICIONALES

Por persona
Calorías 260 — Calorías procedentes de grasas 216

	% Valor diario
Total de grasas 24 g	37%
Grasas saturadas 4 g	20%
Grasas monoinsaturadas 17 g	0%
Grasas poliinsaturadas 2,5 g	0%
Colesterol 0 mg	0%
Sodio 19 mg	0,8%
Total carbohidratos 9 g	3%
Fibra dietética 7 g	28%
Azúcares 9 g	0%
Proteínas 3 g	0%

El tanto por ciento del valor diario se basa en una dieta de 2.000 calorías.

POSTRES

Baklavas de nueces, miel y canela

Compota de fruta de invierno y pasta

Paquetitos de fruta

Kumquats en caramelo

Higos con miel y naranja

Granizado de sandía

Sorbete de mandarina y jengibre

Fettuccine con salsa de manzana y canela

Tarta de ciruelas

Gelatina de cítricos

Melocotones portugueses en vino tinto

Melocotones rellenos al horno

Sorbete de tomate, naranja y albahaca

Pudín de verano

Tarta de fruta fresca

Natillas de uva

Sorbete de lima y lichi

Ensalada de melón, kiwi y uva

Mazapán

Tallarines con miel, naranja y almendras

Pastas de almendra

BAKLAVAS DE NUECES, MIEL Y CANELA

PARA UNOS 24 PASTELES

En esta versión del pastelillo clásico griego, se utiliza una mezcla de nueces y almendras, pero si lo prefiere puede decantarse por una u otra o utilizar pistachos.

100 g (4 oz) de margarina poliinsaturada
450 g (1 lb) de pasta filo (descongelada si fuese del congelador)

Relleno

4 cucharadas de miel clara
2 cucharadas de zumo de limón recién exprimido
50 g (2 oz) de azúcar de flor
2 cucharaditas de canela molida
1 cucharadita de ralladura de limón
100 g (4 oz) de almendras blanqueadas, troceadas
100 g (4 oz) de nueces troceadas

Sirope

400 g (14 oz) de azúcar de flor
5 cucharadas de miel clara
600 ml (1 pt) de agua
1 ramita de canela
1 tira de piel de limón

≈ Precaliente en horno a 170 °C (325 °F) o en la posición 3. Engrase una fuente de horno y corte los bordes de la masa de modo que encaje en el molde.

≈ Coloque la primera capa de pasta filo y úntela con margarina derretida homogéneamente. Coloque otra y repita el proceso hasta que tenga doce capas en el fondo del molde. Envuelva el resto de la masa con un paño húmedo para evitar que se seque.

≈ Para preparar el relleno, mezcle en un cuenco de tamaño mediano la miel con el zumo de limón y mézclelo bien. Añada el azúcar, la canela molida, la ralladura de limón y los frutos secos. Extienda la mitad del relleno sobre la masa y coloque otras tres capas encima, untando cada una de ellas con margarina derretida. Extienda el resto del relleno por encima y cúbralo con la masa sobrante, untando cada capa. Finalmente, unte la parte superior con margarina derretida, creando formas de diamantes de unos 5 cm. Hornee durante una hora o hasta que esté dorado y crujiente. Saque la baklava del horno y colóquela sobre una rejilla.

≈ Para preparar el sirope, mezcle todos los ingredientes en un cazo y revuelva suavemente hasta que el azúcar se disuelva por completo. Suba el fuego y déjelo hervir unos 10 minutos sin revolver. Déjelo reposar para que enfríe, saque la ramita de canela y viértalo sobre la baklava homogéneamente.

HECHOS NUTRICIONALES	
Por persona	
Calorías 185	Calorías procedentes de grasas 100
	% Valor diario
Total de grasas 11 g	17%
Grasas saturadas 1,5 g	7,5%
Grasas monoinsaturadas 4 g	0%
Grasas poliinsaturadas 5 g	0%
Colesterol 0 mg	0%
Sodio 40 mg	2%
Total carbohidratos 20 g	7%
Fibra dietética 1 g	4%
Azúcares 8 g	0%
Proteínas 4 g	0%

El tanto por ciento del valor diario se basa en una dieta de 2.000 calorías.

PAQUETITOS DE FRUTA

PARA UNOS 32 PASTELES

Masa

175 g (6 oz) de harina
Una pizca de sal
1 huevo, batido
3 cucharadas de agua

Relleno

225 g (8 oz) de fruta fresca (por ejemplo, cerezas, ciruelas, albaricoques o arándanos)
Azúcar glasé
Nata líquida, para servir

HECHOS NUTRICIONALES	
Por persona	
Calorías 21	Calorías procedentes de grasas 3
	% Valor diario
Total de grasas 0,3 g	0,5%
Grasas saturadas 0 g	0%
Grasas monoinsaturadas 0 g	0%
Grasas poliinsaturadas 0 g	0%
Colesterol 7 mg	2%
Sodio 3 mg	0,1%
Total carbohidratos 4 g	1%
Fibra dietética 0,5 g	2%
Azúcares 1 g	0%
Proteínas 1 g	0%

El tanto por ciento del valor diario se basa en una dieta de 2.000 calorías.

≈ Mezcle la harina con la sal, haga un volcán en medio y vierta en él el agua y el huevo. Mézclelo bien para formar la masa y trabájela hasta que esté blanda.

≈ Prepare la fruta; según el tipo que sea, quítele las pepitas a las cerezas, quite el hueso a las ciruelas y los albaricoques, y córtelos por la mitad y lave y seque los arándanos.

≈ Amase la masa en forma circular sobre una superficie ligeramente enharinada hasta que ocupe unos 40 cm (16 in). Corte de ella círculos de unos 6 cm (2½ in), unte los bordes con agua y envuelva con ellos la fruta. Pellizque los bordes para cerrarla.

≈ Escalde la fruta en agua hirviendo unos 3 minutos, escúrrala bien y cúbrala con azúcar glasé. Sírvalos con nata líquida.

COMPOTA DE FRUTA DE INVIERNO Y PASTA

4 RACIONES

Pruébela para desayunar. Es necesario empezar a prepararla el día antes y puede conservarse durante varios días en la nevera. Si lo prefiere, puede hacer su propia selección de fruta deshidratada.

Unos 15 orejones de albaricoque
175 g (6 oz) de trozos de manzana
Unas 12 peras secas
8 higos secos
50 g (2 oz) de cerezas secas
4 clavos
2 semillas de pimienta jamaicana
1 ramita de canela
Ralladura y zumo de 1 naranja
300 ml (10 fl oz) de té flojo
425 ml (15 fl oz) de agua
3 cucharadas de azúcar moreno
4 cucharadas de pasta (cualquier tipo de pasta pequeña)

≈ Mezcle la fruta seca con las especias, la ralladura y zumo de naranja, el té y agua. Tápela y déjela macerar toda la noche.

≈ Al día siguiente, cueza la fruta en una olla. Cuando el agua empiece a hervir, déjela cocer unos 15 minutos a fuego lento (añada más agua si fuese necesario). Añada azúcar moreno y la pasta, y déjelo entre 8 y 10 minutos más al fuego. Puede servir la compota fría o caliente.

HECHOS NUTRICIONALES	
Por persona	
Calorías 432	Calorías procedentes de grasas 13
	% Valor diario
Total de grasas 1,5 g	2%
Grasas saturadas 0,5 g	2,5%
Grasas monoinsaturadas 0,5 g	0%
Grasas poliinsaturadas 0,5 g	0%
Colesterol 0 mg	0%
Sodio 61 mg	2,5%
Total carbohidratos 106 g	35%
Fibra dietética 18 g	72%
Azúcares 97 g	0%
Proteínas 6 g	0%

El tanto por ciento del valor diario se basa en una dieta de 2.000 calorías.

KUMQUATS EN CARAMELO

4 RACIONES

Los kumquats, los más pequeños de todos los cítricos, son ricos en vitaminas A y C, potasio, magnesio y calcio. Si se cortan en rodajas circulares puede utilizarse para decorar de manera original. Su acidez se contrarresta aquí con una deliciosa salsa de caramelo.

- 450 g (1 lb) de kumquats, lavados y partidos en rodajas finas
- 225 g (8 oz) de azúcar
- 150 ml (5 fl oz) de agua fría
- 150 ml (5 fl oz) de agua tibia
- 25 g (1 oz) de pasas sin pepitas

Decoración

- 1 hoja de laurel

HECHOS NUTRICIONALES	
Por persona	
Calorías 284	Calorías procedentes de grasas 0
	% Valor diario
Total de grasas 0 g	0%
Grasas saturadas 0 g	0%
Grasas monoinsaturadas 0 g	0%
Grasas poliinsaturadas 0 g	0%
Colesterol 0 mg	0%
Sodio 14 mg	0,5%
Total carbohidratos 64 g	21%
Fibra dietética 6 g	24%
Azúcares 64 g	0%
Proteínas 1 g	0%

El tanto por ciento del valor diario se basa en una dieta de 2.000 calorías.

≈ En un cazo mediano, caliente el agua a fuego lento con el azúcar hasta que se disuelva, removiendo de vez en cuando. Cuando empiece a hervir, déjela unos 5 minutos hasta que se convierta en caramelo.

≈ Retírela del fuego y déjela enfriar un poco.

Poco a poco, vaya vertiendo el agua tibia con cuidado de que el caramelo no salpique.

≈ Vuelva a poner el cazo al fuego para disolver el caramelo y, a continuación, déjelo enfriar.

≈ Coloque las rodajas de kumquats en una fuente intercaladas con las pasas. Rocíelas con el caramelo. Decore el plato con una hoja de laurel y sírvalo frío.

HIGOS CON MIEL Y NARANJA

4 RACIONES

Una refrescante forma de preparar los higos.

- 2 cucharadas de miel clara
- 1 cucharada de zumo de limón
- 4 cucharadas de zumo de naranja
- 4 higos maduros, cortados en rodajas
- 2 naranjas, peladas y en gajos
- 4 ramitas de menta

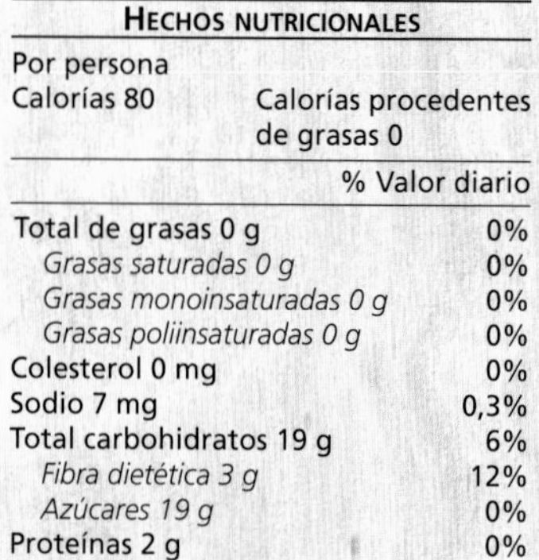

HECHOS NUTRICIONALES	
Por persona	
Calorías 80	Calorías procedentes de grasas 0
	% Valor diario
Total de grasas 0 g	0%
Grasas saturadas 0 g	0%
Grasas monoinsaturadas 0 g	0%
Grasas poliinsaturadas 0 g	0%
Colesterol 0 mg	0%
Sodio 7 mg	0,3%
Total carbohidratos 19 g	6%
Fibra dietética 3 g	12%
Azúcares 19 g	0%
Proteínas 2 g	0%

El tanto por ciento del valor diario se basa en una dieta de 2.000 calorías.

≈ Disuelva la miel en el zumo de fruta. Coloque la fruta en una fuente y rocíela con la mezcla de miel. Mézclela con suavidad, tápela y déjela enfriar al menos una hora.

≈ Antes de servir la fruta en cuatro platos previamente enfriados, mézclela con suavidad. Decore cada uno de los platos con un ramillete de menta.

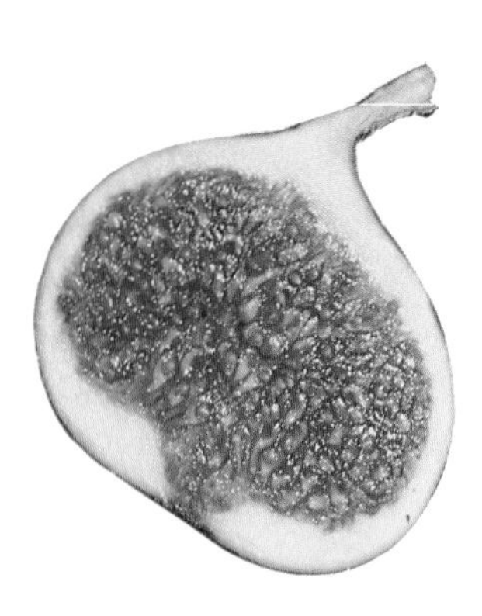

GRANIZADO DE SANDÍA

8 RACIONES

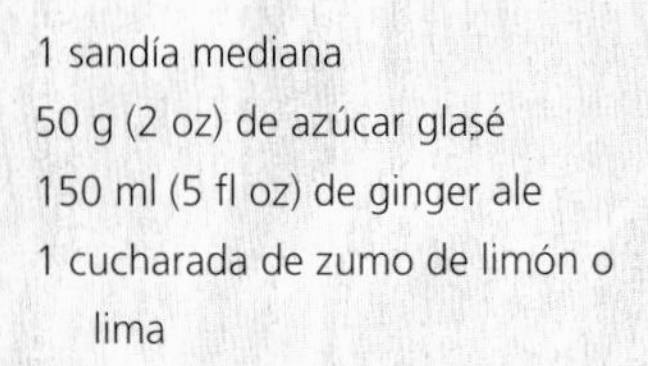

1 sandía mediana
50 g (2 oz) de azúcar glasé
150 ml (5 fl oz) de ginger ale
1 cucharada de zumo de limón o lima

≈ Corte la parte de arriba de la sandía en zigzag y quítela con cuidado.

≈ Saque la carne de la sandía con una cuchara y quite las pepitas. Congele la cáscara y bata la carne con la batidora hasta que esté líquida. Viértala en un cuenco.

≈ Disuelva el azúcar en el ginger ale, añada el zumo de limón o lima y añádalo al de sandía. Viértalo en un recipiente apropiado y congélelo hasta que se forme hielo en los extremos (mézclelo con la sandía). Continúe congelándolo hasta que se convierta en una masa de pequeños cristales de hielo. Échelo en la cáscara y sírvalo.

HECHOS NUTRICIONALES

Por persona	
Calorías 66	Calorías procedentes de grasas 0
	% Valor diario
Total de grasas 0 g	0%
Grasas saturadas 0 g	0%
Grasas monoinsaturadas 0 g	0%
Grasas poliinsaturadas 0 g	0%
Colesterol 0 mg	0%
Sodio 3 mg	0,1%
Total carbohidratos 17 g	6%
Fibra dietética 1 g	4%
Azúcares 17 g	0%
Proteínas 0,3 g	0%

El tanto por ciento del valor diario se basa en una dieta de 2.000 calorías.

SORBETE DE MANDARINA Y JENGIBRE

8 RACIONES

8 mandarinas grandes
1 trozo de 1 cm (½ in) de jengibre, pelado y rallado
175 g (6 oz) de azúcar extrafina
Ralladura y zumo de 1 limón
Ralladura y zumo de 1 naranja pequeña
Ralladura y zumo de ½ pomelo
1 clara de huevo

≈ Seccione las partes de arriba de las mandarinas y guárdelas para después. Extraiga la fruta con un cuchillo y coloque las pieles en moldes de tartaletas. Quítele a la pulpa las pepitas y mézclela con el jengibre. A continuación, mézclelas en un cazo con el azúcar hasta que ésta se disuelva. Añada la ralladura y zumo de limón, naranja y pomelo. Viértalo en un recipiente adecuado y congélelo hasta que esté firme. Sáquelo del congelador y bátalo.

≈ Ponga la clara del huevo a punto de nieve y únala a la mezcla de mandarinas. Con una cuchara rellene con la mezcla las pieles de mandarina, tápelas con las partes de arriba y congélelas en los moldes hasta que adquieran un aspecto sólido.

HECHOS NUTRICIONALES	
Por persona	
Calorías 99	Calorías procedentes de grasas 0
	% Valor diario
Total de grasas 0 g	0%
Grasas saturadas 0 g	0%
Grasas monoinsaturadas 0 g	0%
Grasas poliinsaturadas 0 g	0%
Colesterol 0 mg	0%
Sodio 12 mg	0,5%
Total carbohidratos 25 g	8%
Fibra dietética 1 g	4%
Azúcares 25 g	0%
Proteínas 1 g	0%

El tanto por ciento del valor diario se basa en una dieta de 2.000 calorías.

FETUCCINE CON SALSA DE MANZANA Y CANELA

6 RACIONES

Este delicioso postre puede prepararse con una selección de especias molidas en lugar de canela, si lo desea. Para una ocasión especial, espolvoree cada plato con un poco de ron o calvados.

Pasta

225 g (8 oz) de harina
2 cucharaditas de canela molida
3 cucharadas de aceite de girasol
1 cucharada de agua
2 huevos

Salsa

3-4 manzanas medianas, peladas, sin corazón y en rodajas
Ralladura de 1 limón
¼ cucharadita de canela molida
3 cucharadas y 150 ml (5 fl oz) de agua
3 cucharadas de azúcar moreno
75 g (3 oz) de pasas
1 cucharada de margarina poliinsaturada
2 cucharaditas de arruruz mezclado con 2 cucharaditas de agua fría
Harina, para espolvorear
1 chorro de aceite de girasol

≈ Mezcle la harina y la canela molida en un cuenco y haga un volcán en el centro. En otro cuenco, mezcle el aceite de girasol y el agua y bátalo bien. Rompa los huevos en el pozo y vierta poco a poco la mezcla de aceite y agua. Mézclelo hasta que la masa forme grumos.

≈ Amase en una superficie ligeramente enharinada la masa unos 5 minutos (añada la harina necesaria para que la masa no se pegue).

≈ Deje la masa reposar unos 30 minutos envuelta en plástico para que no se seque.

≈ Para preparar la salsa, cueza en una olla tapada las manzanas con la ralladura de limón, la canela y tres cucharadas de agua hasta que se ablanden las manzanas. Saque la mitad de las manzanas y haga un puré con la otra mitad en una batidora o licuadora.

≈ Vierta el puré en la olla de nuevo y mézclelo con el resto de las manzanas, el azúcar, las pasas, una cucharada de margarina, la mezcla de arruruz y unos 150 ml (5 fl oz) de agua. Cuézalo todo unos 5 minutos (removiendo constantemente hasta que se espese).

≈ Para preparar los fettuccine, amase la pasta hasta que sea una capa fina sobre una superficie ligeramente enharinada. Espolvoréela con harina y, con un cuchillo, córtela en tiras finas. Agite los tallarines que se obtienen y colóquelos en una fuente de horno enharinada.

≈ Cueza los fettucine en una olla grande de agua hirviendo con un chorro de aceite de oliva unos 3 minutos, removiendo de vez en cuando.

≈ Mientras tanto, recaliente la salsa. Escurra la pasta y rocíela con la salsa. Sírvala caliente en platos individuales.

HECHOS NUTRICIONALES

Por persona
Calorías 312 — Calorías procedentes de grasas 90

	% Valor diario
Total de grasas 10 g	15%
Grasas saturadas 2 g	10%
Grasas monoinsaturadas 3 g	0%
Grasas poliinsaturadas 5 g	0%
Colesterol 79 mg	26%
Sodio 54 mg	2%
Total carbohidratos 54 g	18%
Fibra dietética 3,5 g	14%
Azúcares 27 g	0%
Proteínas 6 g	0%

El tanto por ciento del valor diario se basa en una dieta de 2.000 calorías.

TARTA DE CIRUELAS

6 RACIONES

175 g (6 oz) de azúcar extrafina
175 g (6 oz) de margarina poliinsaturada derretida
3 huevos, separados
175 g (6 oz) de harina muy fina
½ cucharadita de extracto de vainilla
350 g (¾ lb) de ciruelas pequeñas, sin hueso y partidas por la mitad.
Azúcar glasé para espolvorear

Una tarta esponjosa, única y deliciosa. Para que las proporciones sean perfectas, pese los huevos, el azúcar, la margarina y la harina (que deben pesar lo mismo que los huevos). Tenga cuidado de no sobrecalentar la margarina. Puede utilizar frutas diferentes, siempre y cuando sean de textura firme, como el mango o los albaricoques.

≈ Precaliente el horno a 190 °C (375 °F) o en la posición 5. Forre la base del molde con papel engrasado.

≈ Bata el azúcar con la margarina hasta que se obtenga una mezcla esponjosa. Añada el extracto de vainilla y poco a poco añada por separado las yemas de huevo. Si empezase a cuajar, añada un poco de harina.

≈ Ponga las claras a punto de nieve y únalas a la crema alternándola con harina. Échelo con una cuchara en el molde preparado a tal efecto, iguale la superficie y decórela con las ciruelas.

≈ Hornee la tarta entre 40 y 45 minutos hasta que se eleve y esté dorado, y no se quede ninguna marca al presionar la superficie con las puntas de los dedos.

≈ Déjela enfriar un poco antes de desmoldarla. Espolvoree la tarta con azúcar glasé y sírvala caliente o fría (si la sirve fría, déjela enfriar en una rejilla).

HECHOS NUTRICIONALES

Por persona
Calorías 453 — Calorías procedentes de grasas 252

	% Valor diario
Total de grasas 28 g	43%
Grasas saturadas 6 g	30%
Grasas monoinsaturadas 9 g	0%
Grasas poliinsaturadas 11 g	0%
Colesterol 120 mg	40%
Sodio 333 mg	14%
Total carbohidratos 48 g	16%
Fibra dietética 2,5 g	10%
Azúcares 29 g	0%
Proteínas 6 g	0%

El tanto por ciento del valor diario se basa en una dieta de 2.000 calorías.

GELATINA DE CÍTRICOS

4 RACIONES

El postre perfecto tras una comida abundante: gelatina de tres cítricos en torno a gajos de naranja y decorada con hojas de geranio con aroma de limón.

6 naranjas
1 limón
50 ml (2 fl oz) de agua
1 cucharada de gelatina en polvo
1 lima
Miel clara al gusto

Decoración
Pistachos
Hojas de geranio

≈ Pele dos de las naranjas con un pelador de patatas, dejando la piel interna. Cuézalas en una olla de agua hirviendo a fuego lento unos 7 u 8 minutos. Separe las naranjas en gajos.

≈ Espolvoree la gelatina sobre tres cucharadas de agua y déjela reposar 5 minutos. Añada la gelatina líquida a la olla, separe ésta del fuego y remueva hasta que se disuelva. Cuélela y saque la piel de las naranjas. Exprima las otras cuatro naranjas y la lima, viértalo en una jarra de medida y añada agua hasta llegar a 725 ml (25 fl oz). Viértala en la olla y añada miel.

≈ Vierta la gelatina en cuatro cuencos individuales y enfríela en la nevera (reservando 170 ml —6 fl oz— de gelatina).

≈ Coloque en cada cuenco gajos de naranja y rocíelos con el resto de la gelatina. Déjelos enfriar.

≈ Decore cada cuenco con pistachos y sírvalo en un plato decorado con hojas de geranio.

HECHOS NUTRICIONALES	
Por persona	
Calorías 131	Calorías procedentes de grasas 9
	% Valor diario
Total de grasas 1 g	1,5%
Grasas saturadas 0,1 g	0,5%
Grasas monoinsaturadas 0,5 g	0%
Grasas poliinsaturadas 0,4 g	0%
Colesterol 0 mg	0%
Sodio 32 mg	1,3%
Total carbohidratos 26 g	9%
Fibra dietética 1 g	4%
Azúcares 26 g	0%
Proteínas 5 g	0%

El tanto por ciento del valor diario se basa en una dieta de 2.000 calorías.

MELOCOTONES PORTUGUESES EN VINO TINTO

6 RACIONES

En la temporada de los melocotones, la Costa Azul portuguesa se llena de ellos.

6 melocotones
1 ramita de canela
½-¾ botella de vino tinto
100 g (4 oz) de azúcar extrafina
Canela molida, para servir

HECHOS NUTRICIONALES	
Por persona	
Calorías 141	Calorías procedentes de grasas 1
	% Valor diario
Total de grasas 0,1 g	0,2%
Grasas saturadas 0 g	0%
Grasas monoinsaturadas 0 g	0%
Grasas poliinsaturadas 0 g	0%
Colesterol 0 mg	0%
Sodio 7 mg	0,3%
Total carbohidratos 24 g	8%
Fibra dietética 1,5 g	6%
Azúcares 24 g	0%
Proteínas 1 g	0%

El tanto por ciento del valor diario se basa en una dieta de 2.000 calorías.

≈ Precaliente el horno a 180 °C (350 °F) o en la posición 4.

≈ Escalde los melocotones entre 30 y 60 segundos, sáquelos del agua con una espumadera y quíteles la piel. Si la piel no sale con facilidad, introdúzcalos de nuevo en el agua brevemente.

≈ Ajuste los melocotones en una fuente de horno, inserte la ramita de canela y cúbralos con vino. Espolvoréelos con azúcar y cuézalos en el horno entre 40 y 50 minutos, o hasta que estén tiernos.

≈ Cuando saque los melocotones del horno, retire la ramita de canela, déles la vuelta y déjelos enfriarse en el vino, dándoles la vuelta de vez en cuando.

≈ Sirva los melocotones espolvoreados con canela molida.

MELOCOTONES RELLENOS AL HORNO

4 RACIONES

Este típico postre italiano puede prepararse con melocotones frescos o nectarinas.

50 g (2 oz) de migas de bizcocho
50 g (2 oz) de almendras molidas
2 cucharadas de azúcar extrafina
2 cucharadas de jerez seco
Un poco de margarina poliinsaturada
4 melocotones grandes

HECHOS NUTRICIONALES	
Por persona	
Calorías 209	Calorías procedentes de grasas 63
	% Valor diario
Total de grasas 7 g	11%
Grasas saturadas 1 g	5%
Grasas monoinsaturadas 3 g	0%
Grasas poliinsaturadas 2 g	0%
Colesterol 56 mg	19%
Sodio 36 mg	1,5%
Total carbohidratos 33 g	11%
Fibra dietética 3 g	12%
Azúcares 27 g	0%
Proteínas 5 g	0%

El tanto por ciento del valor diario se basa en una dieta de 2.000 calorías.

≈ Precaliente el horno a 180 °C (350 °F) o en la posición 4.

≈ Mezcle en un cuenco las migas, las almendras, el azúcar y el jerez. Engrase una fuente de horno poco profunda.

≈ Pele los melocotones escaldándolos en agua hirviendo, sáquelos con una espumadera y quíteles la piel. A continuación, pártalos por la mitad, quite los huesos y rellene el hueco con el relleno de almendras. Cuézalos al horno entre 20 y 30 minutos o hasta que estén blandos y el relleno empiece a tostarse. Puede servirlos fríos o calientes.

SORBETE DE TOMATE, NARANJA Y ALBAHACA

6 RACIONES

1 l (1½ pt) de zumo de tomate
Zumo de ½ limón
2 cucharaditas de albahaca picada fino
Ralladura y zumo de 1 naranja
2 gotas de salsa picante
Sal y pimienta
2 claras de huevo
Hojas de albahaca para decorar

≈ Mezcle el zumo de tomate, el zumo de limón, la albahaca, el zumo y piel de naranja y la salsa picante. Aderécelo con sal y pimienta al gusto. Viértalo en un recipiente apropiado y congélelo una hora y media o hasta que esté pastoso.

≈ Entonces, sáquelo del congelador, bátalo bien y vuelva a meterlo hasta que vuelva a estar pastoso. Bátalo de nuevo.

≈ Ponga a punto de nieve las claras y únalas a la mezcla de tomate. Vuelva a meterlo en el congelador hasta que se solidifique.

≈ Antes de servir el sorbete, conviene meterlo en la nevera durante 30 minutos. Con una cuchara, sírvalo en platos individuales y decórelos con hojas de albahaca. Acompañe este postre de pan tostado.

HECHOS NUTRICIONALES

Por persona
Calorías 32 — Calorías procedentes de grasas 0

	% Valor diario
Total de grasas 0 g	0%
Grasas saturadas 0 g	0%
Grasas monoinsaturadas 0 g	0%
Grasas poliinsaturadas 0 g	0%
Colesterol 0 mg	0%
Sodio 434 mg	18%
Total carbohidratos 6 g	2%
Fibra dietética 1,5 g	6%
Azúcares 6 g	0%
Proteínas 2 g	0%

El tanto por ciento del valor diario se basa en una dieta de 2.000 calorías.

PUDÍN DE VERANO

6 RACIONES

Para este postre hacen falta 900 g (2 lb) de fruta.

- 2 naranjas
- 2 tazas de agua
- 6 cucharadas de azúcar
- 2 melocotones o 1 nectarina
- 2 mangos
- 10-12 rodajas de pan

Para decorar

- Rodajas de mango (opcional)
- Rodajas de naranja (opcional)

≈ Pele las naranjas y ponga la piel a cocer en una olla con agua y azúcar. Disuelva el azúcar y cuézalas a fuego lento para extraer el sabor a naranja. A continuación, retírelo del fuego y saque la piel de naranja.

≈ Pele los melocotones y mangos y quíteles los huesos. Corte la pulpa en cubitos, mézclela con el almíbar y cuézala unos 5 minutos para ablandarla.

≈ Corte doce rodajas de pan para cubrir la base y parte de arriba de seis moldes pequeños y coloque una rodaja en cada unos de ellos. Rellene la base de cada unos de ellos con una rodaja y con trozos de pan cubra los laterales.

≈ Rellene cada molde con fruta ayudándose de una espumadera para guardar el almíbar. Cubra los moldes con el resto de rodajas de pan, haciendo presión. Tápelos con papel de plástico y déjelos enfriar toda la noche.

≈ Desmóldelos con cuidado, rocíelos con el almíbar y, si lo desea, decórelos con rodajas de mango o naranja.

HECHOS NUTRICIONALES

Por persona
Calorías 280 — Calorías procedentes de grasas 9

	% Valor diario
Total de grasas 1 g	1,5%
Grasas saturadas 0,3 g	1,5%
Grasas monoinsaturadas 0,2 g	0%
Grasas poliinsaturadas 0,3 g	0%
Colesterol 0 mg	0%
Sodio 317 mg	13%
Total carbohidratos 65 g	22%
Fibra dietética 1,5 g	6%
Azúcares 37 g	0%
Proteínas 6 g	0%

El tanto por ciento del valor diario se basa en una dieta de 2.000 calorías.

TARTA DE FRUTA FRESCA

8 RACIONES

2 huevos
50 ml (2 fl oz) de leche
2 cucharadas de miel
2 cucharadas de melaza
175 g (6 oz) de harina integral
1 cucharadita de levadura
1 cucharadita de bicarbonato sódico
1 cucharadita de canela
Una pizca de sal
450 g (1 lb) de melocotones
225 g (½ lb) de ciruelas
225 g (½ lb) de cerezas
100 g (4 oz) de nueces, picadas
Un poco de margarina
Fruta fresca para decorar

Para servir
Nata montada

≈ Precaliente el horno a 200 °C (400 °F) o en la posición 6.

≈ Bata los huevos con la leche, añada la miel y la melaza y el resto de los ingredientes secos y mézclelo todo bien.

≈ Quite las pepitas de la fruta y trocéela. Mézclela con la pasta de frutos secos y viértalo todo en un molde engrasado y enharinado de 20 cm (8 inch), cuya base pueda quitarse. Cueza la tarta al horno entre 50 y 60 minutos hasta que esté firme en el centro. Extienda margarina en la superficie hacia el final para evitar que se seque.

≈ Déjela refrescar en el molde. Enfríela y decórela con fruta fresca.

HECHOS NUTRICIONALES	
Por persona	
Calorías 240	Calorías procedentes de grasas 100
	% Valor diario
Total de grasas 11 g	17%
Grasas saturadas 1 g	5%
Grasas monoinsaturadas 2 g	0%
Grasas poliinsaturadas 6 g	0%
Colesterol 60 mg	20%
Sodio 31 mg	1%
Total carbohidratos 30 g	10%
Fibra dietética 5,5 g	22%
Azúcares 16 g	0%
Proteínas 8 g	0%

El tanto por ciento del valor diario se basa en una dieta de 2.000 calorías.

NATILLAS DE UVA

4 RACIONES

225 g (½ lb) de uvas rojas sin pepitas
4 yemas de huevo
3 cucharadas de azúcar de flor
4 cucharadas de melaza, madeira o jerez dulce

HECHOS NUTRICIONALES	
Por persona	
Calorías 174	Calorías procedentes de grasas 54
	% Valor diario
Total de grasas 6 g	9%
Grasas saturadas 2 g	10%
Grasas monoinsaturadas 2 g	0%
Grasas poliinsaturadas 1 g	0%
Colesterol 202 mg	67%
Sodio 13 mg	0,5%
Total carbohidratos 25 g	8%
Fibra dietética 0,5 g	2%
Azúcares 25 g	0%
Proteínas 3 g	0%

El tanto por ciento del valor diario se basa en una dieta de 2.000 calorías.

≈ Lave las uvas y divídalas en cuatro copas.

≈ Bata las yemas de huevo ligeramente y agregue el azúcar y el vino y mézclelo. Coloque el recipiente dentro de una olla de agua caliente y bata de nuevo otros 10 minutos o hasta que la mezcla esté cremosa.

≈ Divídalo entre las copas y sírvalas templadas con bizcochos.

SORBETE DE LIMA Y LICHIS

4 RACIONES

450 g (1 lb) de lichis frescos
Zumo de 1 lima
25 g (1 oz) de azúcar de repostería tamizada
1 clara de huevo

≈ Pele los lichis y quíteles las pepitas. Bata en la batidora la pulpa con el zumo de lima y el azúcar hasta que esté líquido.

≈ Viértalo en un recipiente adecuado y métalo en el congelador hasta que empiece a espesar. Entonces, bátalo de nuevo y repita el proceso dos veces.

≈ Ponga las claras a punto de nieve y mézclelas con el sorbete. Déjelo en el congelador hasta que se solidifique.

≈ Sírvalo como helado acompañado de rodajas de mango fresco u otra fruta similar, o mézclelo con otros sorbetes, como de mango o kiwi.

HECHOS NUTRICIONALES	
Por persona	
Calorías 201	Calorías procedentes de grasas 0
	% Valor diario
Total de grasas 0 g	0%
Grasas saturadas 0 g	0%
Grasas monoinsaturadas 0 g	0%
Grasas poliinsaturadas 0 g	0%
Colesterol 0 mg	0%
Sodio 18 mg	0,75%
Total carbohidratos 52 g	17%
Fibra dietética 1 g	4%
Azúcares 52 g	0%
Proteínas 2 g	0%

El tanto por ciento del valor diario se basa en una dieta de 2.000 calorías.

ENSALADA DE MELÓN, KIWI Y UVA

6 RACIONES

Una refrescante ensalada de frutas exóticas del mismo color, mezcladas con gelatina aromática.

- 1 melón pequeño
- 3 kiwis
- 175 g (6 oz) de uvas
- 1 manzana
- 2 guayabas
- 6 hojas de gelatina
- 450 ml (16 fl oz) de agua
- 150 ml (5 fl oz) de zumo de fruta

Almíbar

- 175 g (6 oz) de azúcar en grano
- 450 ml (16 fl oz) de agua

HECHOS NUTRICIONALES	
Por persona	
Calorías 246	Calorías procedentes de grasas 5
	% Valor diario
Total de grasas 0,5 g	0,8%
Grasas saturadas 0 g	0%
Grasas monoinsaturadas 0 g	0%
Grasas poliinsaturadas 0 g	0%
Colesterol 0 mg	0%
Sodio 49 mg	2%
Total carbohidratos 60 g	20%
Fibra dietética 3,5 g	14%
Azúcares 60 g	0%
Proteínas 4 g	0%

El tanto por ciento del valor diario se basa en una dieta de 2.000 calorías.

≈ Deje la gelatina en la mitad del agua 15 minutos. Añada el resto de agua y póngala al fuego para que se disuelva. Deje enfriar un poco la gelatina, y, entonces, añada el zumo de frutas. Vierta la gelatina en un recipiente achatado cuadrado y poco profundo de unos 18 cm (7 inch). Déjela reposar para que se enfríe.

≈ Para preparar el almíbar, hierva el agua y el azúcar hasta que ésta se disuelva a fuego fuerte durante unos 2 o 3 minutos, y apártelo del fuego.

≈ Corte el melón en cubitos o bolitas y échelo en una ensaladera. Pele el kiwi y córtelo en rodajas. Lave las uvas, córtelas a la mitad y quíteles las semillas si fuera necesario. Añádalas con el almíbar frío a la ensaladera. Pele las guayabas, córtelas a la mitad, quíteles las pepitas, córtelas en rodajas y agréguelas a la ensalada.

≈ Sumerja el recipiente de gelatina en agua caliente un instante y viértala sobre papel engrasado. Córtela en cubos grandes y añádala a la ensalada justo antes de servirla.

MAZAPÁN

PARA 24 PORCIONES

El mazapán es la base de muchos dulces portugueses, legado de la ocupación musulmana. Puede colorearse la pasta utilizando colorantes y moldearla para darle forma de frutas, animales, etc., que luego se envuelven con papel. Es esencial que las almendras estén frescas.

- 225 g (8 oz) de azúcar extrafina
- 4 cucharadas de agua
- 225 g (8 oz) de almendras blancas, molidas
- Unas gotas de azahar, extracto de rosa o extracto de almendras
- Azúcar glasé

HECHOS NUTRICIONALES	
Por persona	
Calorías 81	Calorías procedentes de grasas 45
	% Valor diario
Total de grasas 5 g	8%
Grasas saturadas 0,5 g	2,5%
Grasas monoinsaturadas 3 g	0%
Grasas poliinsaturadas 1 g	0%
Colesterol 0 mg	0%
Sodio 2 mg	0%
Total carbohidratos 8,5 g	3%
Fibra dietética 1 g	4%
Azúcares 8 g	0%
Proteínas 2 g	0%

El tanto por ciento del valor diario se basa en una dieta de 2.000 calorías.

≈ Caliente el agua con el azúcar en un cazo hasta que el azúcar se disuelva y, a continuación, hiérvala para que se caramelice.

≈ Añada las almendras y mézclelo a fuego lento hasta que se cree una pasta seca y espesa. Añada el extracto de rosa, almendra o azahar, viértalo en una superficie engrasada y déjelo enfriar.

≈ Tamice un poco de azúcar glasé sobre la tabla de cocina y moldee la pasta de mazapán como prefiera. Deje los mazapanes secar varios días en un lugar seco y bien ventilado.

TALLARINES CON MIEL, NARANJA Y ALMENDRAS

4 RACIONES

Un plato de pasta perfecto, con sirope de miel, para concluir una comida.

- 225 g (½ lb) de tallarines de huevo
- 1 chorro de aceite de girasol
- 4 naranjas
- 5 cucharadas de miel clara
- 3 cucharadas de azúcar moreno clara
- 1 cucharada de zumo de limón
- 2 cucharadas de margarina poliinsaturada
- 75 g (3 oz) de copos de almendra

≈ Cueza los tallarines en una olla grande de agua hirviendo con un chorro de aceite de girasol, durante 8 o 10 minutos, removiendo de vez en cuando. Escúrralos.

≈ Mientras se cuece la pasta, pele tres de las naranjas y córtelas en rodajas y cada rodaja a la mitad. Exprima el resto de las naranjas y mézclelo en un cazo con la miel, el azúcar y el zumo de limón.

≈ Cuando empiece a hervir, remueva para que se disuelva el azúcar y déjelo hervir a fuego lento 1 o 2 minutos para que se caramelice.

≈ Derrita la margarina en una sartén y fría los copos de almendras hasta que se tuesten. Añada los tallarines y el sirope de miel, caliéntelos y añada los trozos de naranja. Sírvalos inmediatamente.

Para decorar utilice trozos de piel de naranja cortados en juliana.

HECHOS NUTRICIONALES	
Por persona	
Calorías 563	Calorías procedentes de grasas 190
	% Valor diario
Total de grasas 21 g	32%
Grasas saturadas 3,5 g	17,5%
Grasas monoinsaturadas 10 g	0%
Grasas poliinsaturadas 6 g	0%
Colesterol 17 mg	6%
Sodio 170 mg	7%
Total carbohidratos 86 g	29%
Fibra dietética 8 g	32%
Azúcares 47 g	0%
Proteínas 12 g	0%

El tanto por ciento del valor diario se basa en una dieta de 2.000 calorías.

PASTAS DE ALMENDRA

PARA UNAS 24 PASTAS

Ésta es una base ideal sobre la cual puede colocar cualquier tipo de exquisitez que la hacen muy apetecible.

4 claras de huevo
100 g (¼ lb) de almendras molidas
100 g (¼ lb) de azúcar extrafina
4 cucharadas de harina

≈ Ponga las claras a punto de nieve.
≈ Mezcle las almendras, el azúcar y la harina, y una las claras.
≈ Haga formas con la masa sobre una bandeja de hornear (unas 24). Hornee las pastas a 200 °C (400 °F) o en la posición 6 durante unos 8 minutos.
≈ Rellene las bases con puré de manzana y canela y coloque una almendra, chocolate fundido o una baya fresca sobre cada una de ellas.

HECHOS NUTRICIONALES	
Por persona	
Calorías 55	Calorías procedentes de grasas 18
	% Valor diario
Total de grasas 2 g	3%
Grasas saturadas 0,2 g	1%
Grasas monoinsaturadas 1 g	0%
Grasas poliinsaturadas 0,5 g	0%
Colesterol 0 mg	0%
Sodio 11 mg	0,5%
Total carbohidratos 7 g	2%
Fibra dietética 0,5 g	2%
Azúcares 5 g	0%
Proteínas 2 g	0%

El tanto por ciento del valor diario se basa en una dieta de 2.000 calorías.

ÍNDICE